Gesetz, betr. die Berufsvormundschaft vom 23. Februar 1908.

Handausgabe
mit Erläuterungen und Sachregister

von

R. Barthelmeß,
K. Amtsrichter in München.

München 1908.
J. Schweitzer Verlag (Arthur Sellier).

Vorwort.

Die vorliegenden Erläuterungen sollen demjenigen, der sich beruflich mit Vormundschaften zu befassen hat, das entsprechende Material an die Hand geben. Sie sollen nicht in letzter Linie dazu dienen, den Gemeindeverwaltungen, an die die Frage, ob sie die Berufsvormundschaft in einer der beiden möglichen Arten einführen wollen, herantreten wird, das Verständnis und das Interesse für den neuen Gegenstand zu wecken.

Mit Rücksicht hierauf hat manches in die Erläuterungen Aufnahme gefunden, was vielleicht nicht unmittelbar mit dem Gegenstande selbst zu tun hat. Den Beamten, die künftig mit der Führung von Vormundschaften betraut sein werden, sollen die Erläuterungen ein kurzer Wegweiser sein, der ihnen die Erfüllung ihrer Aufgabe erleichtern soll.

Für diejenigen, die sich für die Frage der Berufsvormundschaften eingehender interessieren, ist am Schlusse des Buches ein Literaturnachweis beigegeben.

Die nicht allzu reichlichen Entscheidungen, die in Sachen der Berufsvormundschaft ergangen sind, sind sorgfältig angeführt und verwertet. Eingehend berücksichtigt sind die Verhandlungen der Kammer der Reichsräte über den Gesetzesentwurf, sowie die Gesetzesmotive.

Zur Orientierung sind in einem Anhang eine Anzahl von Statuten preußischer und hessischer Städte wiedergegeben.

Mit Rücksicht hierauf wollte nicht zugewartet werden, ob nicht seitens der K. Staatsregierung ein Musterstatut ausgearbeitet werden würde. Das Erscheinen der Ausgabe sollte eine Verzögerung nicht erleiden.

Die kurze Spanne Zeit, die bei starker beruflicher Inanspruchnahme mir zur Fertigstellung der Handausgabe gelassen war, mögen die da und dort auftauchenden Mängel entschuldigen.

München im April 1908.

Barthelmeß.

Inhaltsübersicht.

Verzeichnis der Abkürzungen.

AGzBGB. = Ausführungsgesetz zum Bürgerlichen Gesetzbuch.
Agahd Konrad = Jugendwohl u. Jugendrecht 1907.
BayZfR. = Zeitschrift für Rechtspflege in Bayern.
Bek. = Bekanntmachung.
BGB. = Bürgerliches Gesetzbuch.
Birkenbihl = Die freiwillige Gerichtsbarkeit, Kommentar zum Reichsgesetz vom 17. Mai 1898. Unter Berücksichtigung des preußischen Gesetzes vom 21. September 1899. Von F. Birkenbihl, Berlin 1900.
BlAdmPr. = Blätter für administrative Praxis.
BlfRA. = Blätter für Rechtsanwendung.
Crusen u. Müller = Preußisches Ausführungsgesetz zum Bürgerlichen Gesetzbuche.
Dernburg = Das bürgerliche Recht des Deutschen Reichs und Preußens. 4. Auflage.
DJZ. = Deutsche Juristenzeitung von Laband, Stenglein und Staub.
Dorner = Das Reichsgesetz über die Angelegenheiten der freiwilligen Gerichtsbarkeit vom 17. Mai 1898 erläutert von Emil Dorner, Karlsruhe 1899.
Dyroff = Reger-Dyroff, Verwaltungsgerichtsgesetz. 4. Auflage. 1908.
EGzBGB. = Einführungsgesetz zum Bürgerlichen Gesetzbuche.
FGG. = Reichsgesetz über die Angelegenheiten der freiwilligen Gerichtsbarkeit.
GebG. = Gebührengesetz.
GVBl. = Gesetz- und Verordnungsblatt.
Henle u. Schneider = Die bayerischen Ausführungsgesetze zum Bürgerlichen Gesetzbuche. Handausgabe mit Einleitung, erläuternden Anmerkungen und Sachregister, herausgegeben von Wilhelm Henle und Heinrich Schneider. München 1900.
Hesse = Deutsches Vormundschaftsrecht.
Jahrbuch = Jahrbuch der Fürsorge. Herausgegeben von der Zentrale für private Fürsorge 1906, 1907.
JMBl. = Justizministerialblatt.
Johow = Jahrbuch der Entscheidungen des Kammergerichts (Seitenzahl der Abschnitte A u. D).
JW. = Juristische Wochenschrift.
Kahr = Bayer. Gemeindeordnung f. d. Landest. diesſ. d. Rheins.
Keidel = Das Reichsgesetz über die Angelegenheiten der freiwilligen Gerichtsbarkeit vom 17. Mai 1898, 2. Auflage.

Klumker u. Petersen = Berufsvormundschaft (Generalvormundschaft). Schriften des Deutschen Vereins für Armenpflege und Wohltätigkeit. Band 1. Berichte. Band 2. Materialien.
MABl. = Amtsblatt des K. Staatsministeriums des Innern.
ObLG. = Entscheidungen des Obersten Landesgerichts, neue Auflage.
Oertmann = Bayerisches Landesprivatrecht. Halle a. S. 1903.
OLGRspr. = Rechtsprechung der Oberlandesgerichte von Falkmann-Mugdan.
Planck = Bürgerliches Gesetzbuch nebst Einführungsgesetz, erläutert von Dr. G. Planck. 3. Auflage.
Recht = Zeitschrift „Das Recht".
Reger = Handausgabe des bayerischen Gesetzes über die öffentliche Armen- und Krankenpflege. 5. Aufl.
RG. = Entscheidungen des Reichsgerichts in Zivilsachen.
RJA. = Entscheidungen in den Angelegenheiten der freiwilligen Gerichtsbarkeit und des Grundbuchrechts, zusammengestellt im Reichsjustizamt.
v. Seydel = Bayerisches Staatsrecht. 2. Auflage, 1895 bis 1896.
Schultetus = Handbuch des Vormundschaftsrechts 1899.
Staudinger = Kommentar zum Bürgerlichen Gesetzbuche für das Deutsche Reich nebst Einführungsgesetz. 2. Auflage.
Stranz-Gerhard = Preußisches Ausführungsgesetz zum Bürgerlichen Gesetzbuche.
Vollzugsvorschriften = Vollzugsvorschriften zum Bürgerlichen Gesetzbuche.
VormO. = Bekanntmachung des Staatsministeriums des Justiz vom 19. Januar 1900, das Vormundschaftswesen betr. (JMBl. 1900 S. 181).
Weber = Gesetz- und Verordnungssammlung.
Wellstein = Das Reichsgesetz über die Angelegenheiten der freiwilligen Gerichtsbarkeit. 2. Auflage.
ZBlFG. = Zentralblatt für freiwillige Gerichtsbarkeit und Notariat.

Entstehungsgeschichte des Gesetzes.

Am 6. November 1907 brachten die K. Staatsministerien der Justiz und des Innern den Entwurf eines Gesetzes, betreffend die Berufsvormundschaft und die Zwangserziehung, an den Landtag. Der Entwurf wurde zunächst der Kammer der Reichsräte in Vorlage gebracht.

Der Entwurf wurde am 3. Januar 1908 in dem vereinigten I. und III. Ausschusse durchberaten: er wurde, abgesehen von zwei kleinen redaktionellen Änderungen und einer unwesentlichen materiellen Änderung, entsprechend dem eingehend begründeten Antrage des Referenten Reichsrat Dr. Ritter von Schneider einstimmig angenommen. Die redaktionellen Änderungen bezogen sich auf den Art. 2 und die Überschrift des Gesetzes. Die materielle Änderung wurde an dem Art. 7 vorgenommen.

In der 6. öffentlichen Sitzung der Kammer der Reichsräte am 18. Januar 1908 wurde der Gesetzesentwurf mit den vom Ausschusse vorgenommenen Änderungen einstimmig in Bausch und Bogen angenommen. (Stenographischer Bericht 1. Bd. Nr. 6). Die Kammer der Abgeordneten nahm den Entwurf mit den von der Kammer der Reichsräte beschlossenen Abänderungen in der Sitzung vom 6. Februar 1908 ohne jede Debatte an (Stenographische Berichte 3. Bd. Nr. 75 S. 61—65). Am 23. Februar 1908 erfolgte die Sanktion des Gesetzes durch die Allerhöchste Stelle. Es wurde sodann am 2. März 1908 veröffentlicht (GVBl. Nr. 12 S. 85, 86, 87). Mit diesem Tage trat es in Kraft, da es selbst eine Bestimmung darüber nicht enthält, in welchem Zeitpunkte es in Wirksamkeit tritt (Seydel Bd. 2 S. 314).

Gesetz vom 23. Februar 1908, die Berufsvormundschaft betreffend.

(GVBl. Nr. 12 S. 85.)

Im Namen seiner Majestät des Königs.

Luitpold,
von Gottes Gnaden Königlicher Prinz von Bayern,
Regent.

Wir haben nach Vernehmung des Staatsrats mit Beirat und Zustimmung der Kammer der Reichsräte und der Kammer der Abgeordneten beschlossen und verordnen, was folgt:

Artikel 1.

Das Vormundschaftsgericht kann vor den nach § 1776 des Bürgerlichen Gesetzbuchs als Vormünder berufenen Personen Beamte einer Gemeinde zu Vormündern für diejenigen Minderjährigen bestellen, welche unter der Aufsicht der Beamten in einer von ihnen ausgewählten Familie oder Anstalt erzogen oder verpflegt werden. Es kann ihnen auch nur einzelne Rechte und Pflichten eines Vormundes übertragen.

Artikel 2.

Durch Gemeindestatut kann bestimmt werden, daß Gemeindebeamte alle oder einzelne Rechte und Pflichten eines Vormundes für solche Minderjährige haben, welche unter der Aufsicht der Beamten in einer von ihnen ausgewählten Familie oder Anstalt erzogen oder verpflegt werden.

Das Statut bedarf der Genehmigung der Staatsministerien der Justiz und des Innern.

Treten bei einem Minderjährigen die Voraussetzungen ein, unter denen der Gemeindebeamte nach dem Statute die in diesem vorgesehenen Rechte und Pflichten eines Vormundes erlangt, so hat der Gemeindebeamte dies dem Vormundschaftsgericht unverzüglich mitzuteilen.

Die Befugnis des Vormundschaftsgerichts, einen anderen Vormund zu bestellen oder, sofern nach dem Statute dem Gemeindebeamten nur bestimmte Rechte und Pflichten eines Vormundes zukommen, diese dem Vormunde zu übertragen, bleibt unberührt.

Artikel 3.

Die Vorschriften der Artikel 1, 2 gelten bei unehelichen Minderjährigen auch dann, wenn diese unter der Aufsicht der Gemeindebeamten in der mütterlichen Familie erzogen oder verpflegt werden.

Artikel 4.

Der Gemeindebeamte behält die Rechte und Pflichten eines Vormundes auch nach der Beendigung der Erziehung oder Verpflegung bis zur Volljährigkeit des Minderjährigen.

Artikel 5.

Soweit der Gemeindebeamte Rechte und Pflichten eines Vormundes erhält, endigen die Rechte und Pflichten des bisherigen Vormundes.

Artikel 6.

Dem Gemeindebeamten stehen die nach dem § 1852 Abs. 2 des Bürgerlichen Gesetzbuchs zulässigen Befreiungen zu.

Ein Gegenvormund ist nicht zu bestellen.

Artikel 7.

Auf Antrag der Gemeinde hat das Vormundschaftsgericht den Gemeindebeamten als Vormund zu entlassen und, sofern ihm nur einzelne Rechte und Pflichten eines Vormundes zustehen, ihn von diesen zu entbinden.

Artikel 8.

Der Artikel 12 Abs. 2 Satz 2 des Gesetzes vom 10. Mai 1902, die Zwangserziehung betreffend, erhält folgende Fassung:

„In München ist der Stadtmagistrat zuständig."

Luitpold,
Prinz von Bayern,
des Königreichs Bayern Verweser.

Dr. Frhr. v. Podewils. v. Miltner. Dr. v. Wehner. v. Frauendorfer. v. Pfaff. Frhr. v. Horn. v. Brettreich.

Auf Allerhöchsten Befehl:
Der Oberregierungsrat
im K. Staatsministerium des Innern:
Knözinger.

Einleitung.

I. Begriff und Arten der Berufsvormundschaft.

Nach dem bürgerlichen Rechte gilt als Regel, daß bei jeder Vormundschaft jedem Mündel eine einzelne Person auf Vorschlag des Gemeindewaisenrates vom Vormundschaftsgerichte zum Vormunde bestellt wird (Bestellungsprinzip). Diese Art der Vormundschaft wird als Einzelvormundschaft oder als Pflichtvormundschaft bezeichnet.

Neben dieser Art von Vormundschaft haben sich teils auf gesetzlicher Grundlage (Art. 136 EGzBGB.) teils aus dem Bedürfnisse des Lebens heraus andere, besondere Formen der Vormundschaft entwickelt. Allen diesen besonderen Formen der Vormundschaft ist gemeinsam, daß sie nicht von einer Person geführt wird, die nur ein oder einige Mündel bevormundet, sondern daß der Vormund seinem Amte eine besondere berufliche Sorgfalt zuwendet, daß er meist eine besondere Erfahrung für dieses Amt mitbringt, oder sich erwirbt. Diese Formen der Bevormundung werden unter dem Namen Berufsvormundschaft, Generalvormundschaft, Kollektivvormundschaft zusammengefaßt. Die Berufsvormundschaften selbst zerfallen wieder in zwei große Gruppen, die zwar in ihrer inneren Gestaltung sich nicht wesentlich voneinander unterscheiden, die aber auf einer ganz verschiedenen rechtlichen Grundlage beruhen. Hiernach unterscheidet man:

1. gesetzliche Vormundschaften, d. h. Vormundschaften, bei denen der Vormund nicht vom Gerichte bestellt wird, sondern kraft Gesetzes von einem bestimmten Zeitpunkt an in seine Rechte eintritt, ohne daß es dabei der Bestellung oder einer Mitwirkung seitens des Vormundschaftsgerichtes bedarf. Die Hauptarten der gesetzlichen Vormundschaft sind:
   a) die gesetzliche Anstaltsvormundschaft, bei der der Vorstand einer Anstalt kraft Gesetzes Vormund der in der Anstalt oder durch seine Anstalt versorgten Minderjährigen ist, Art. 136 Nr. 1 EGzBGB., Art. 100 bayr. AGzBGB.;
   b) die Beamtensvormundschaft, bei der ein Beamter meist der Beamte einer Gemeinde kraft Gesetzes die Vormundschaft über diejenigen Minderjährigen führt, die unter der Aufsicht des Beamten in einer von ihm ausgewählten Familie oder Anstalt erzogen oder verpflegt werden. Diese Art der gesetzlichen Vormundschaft wird auch als Armenamtsvormundschaft bezeichnet, weil meist ein Beamter der

Armenpflege das Amt des Vormundes führt, Art. 136 Nr. 1 EGzBGB.

2. Berufsvormundschaften kraft Bestellung. Bei dieser Art der Vormundschaft ist die Mitwirkung des Richters bei der Bestellung des Vormundes Erfordernis. Der Vormund leitet seine Rechte ab aus der vom Vormundschaftsgerichte vorgenommenen Bestellung (Verpflichtung); sie stehen ihm nicht kraft Gesetzes zu. Das berufliche Moment kommt darin zum Ausdrucke, daß eine und dieselbe Person für eine größere Anzahl von Minderjährigen, aber für jeden besonders vom Vormundschaftsgerichte zum Vormunde bestellt wird. Durch diese Ansammlung vieler Einzelvormundschaften in einer Person entsteht die Berufsvormundschaft. Die Hauptarten dieser Art der Bevormundung sind:

a) die Berufsvormundschaft eines Beamten (amtliche Sammelvormundschaft). Hiebei wird ein Beamter, in der Regel der Beamte einer Gemeinde, zum Vormunde bestellt teils mit teils ohne Übergehung der Personen, die nach dem BGB. ein Recht darauf haben, in erster Linie zum Vormunde bestellt zu werden, Art. 136 Nr. 3 EGzBGB.;

b) die Berufsvormundschaft des Anstaltsvorstandes, bei der der Vorstand einer Anstalt oder ein Angestellter zum Vormunde für die in der Anstalt oder durch die Anstalt untergebrachten Minderjährigen bestellt wird (Anstaltssammelvormundschaft), Art. 136 Nr. 3 EGzBGB.;

c) Sammelvormundschaften auf Grund Vereinbarungen von Privatpersonen, die Vereine mit charitativen Bestrebungen leiten und denen zahlreiche Hilfskräfte und hinreichende Geldmittel zur Verfügung stehen, und den Vormundschaftsgerichten, denen zufolge die Privatperson in einer Reihe von Fällen sich freiwillig zum Vormunde bestellen läßt. Vgl. Schriften des Deutschen Vereins für Armenpflege und Wohltätigkeit, Heft 81.

II. Die reichsrechtliche Grundlage für die Einführung der Berufsvormundschaft und die Entwicklung der Berufsvormundschaft auf Grund des Vorbehalts in anderen Bundesstaaten.

Die reichsgesetzliche Unterlage, auf Grund deren der Landesgesetzgebung die rechtliche Möglichkeit geschaffen ist, abweichend von der Regel des BGB. besondere Formen der Vormundschaft einzuführen und zu entwickeln, ist im Art. 136 EGzBGB. zu suchen.

Der Art. 136 des EGzBG. behält der Landesgesetzgebung die Befugnis vor, für die Minderjährigen, welche in einer unter staatlicher Verwaltung oder Aufsicht stehenden Erziehungs- oder Verpflegungsanstalt oder unter der Aufsicht des Vorstandes in einer von ihm ausgewählten Familie oder Anstalt erzogen oder verpflegt werden, gewisse Abweichungen von den Vorschriften des Vormundschaftsrechts zu treffen. Die Abweichungen beziehen sich auf das Bestellungsprinzip (§ 1774 des BGB.) d. h. den Grundsatz, daß es keine gesetzliche Vormundschaft gibt (Art. 136 Nr. 1, 2), ferner auf die Übergehung der durch die Eltern oder das Gesetz als Vormund Berufenen (Art. 136 Nr. 3) und auf die rechtliche Stellung des Vormundes bei Führung der Vormundschaft (Art. 136 Nr. 4).

Über die Art und Weise, in der von dem Vorbehalte des Art. 136 EGzBGB. in den einzelnen Bundesstaaten Gebrauch gemacht worden ist, führen die Gesetzesmotive folgendes aus:

In Preußen ist der Vorstand einer unter der Verwaltung des Staates oder einer Gemeindebehörde stehenden Erziehungs- oder Verpflegungsanstalt gesetzlicher Vormund für die in der Anstalt untergebrachten Minderjährigen (Art. 78 §§ 1 bis 3 des AGzBGB.). Nach § 12 des Gesetzes über Fürsorgeerziehung Minderjähriger vom 12. Juli 1900 kann auf Antrag des Kommunalverbandes, dem die Fürsorgeerziehung obliegt, der Vorstand einer unter staatlicher Aufsicht stehenden Erziehungsanstalt vor den nach § 1776 des BGB. als Vormund Berufenen zum Vormunde der in der Anstalt untergebrachten Fürsorgezöglinge bestellt werden; das Gleiche gilt für Zöglinge, welche unter der Aufsicht des Vorstandes der Anstalt in einer von ihm ausgewählten Familie erzogen werden; liegt die Beaufsichtigung der Zöglinge einem von dem Kommunalverbande bestellten Beamten ob, so kann dieser auf Antrag des Kommunalverbandes statt des Anstaltsvorstandes zum Vormunde bestellt werden.

Die Einrichtung des Berufsvormundes ist in Preußen nur der gesetzlichen Grundlage nach geschaffen. Art 78 § 4 des AGzBGB. erlaubt einer Gemeinde durch ortsstatutarische Bestimmung Beamten der Gemeindearmenverwaltung alle oder einzelne Rechte und Pflichten eines Vormundes für diejenigen Minderjährigen zu übertragen, welche im Wege der öffentlichen Armenpflege unterstützt und der Aufsicht der Beamten entweder in einer von diesen ausgewählten Familie oder Anstalt oder, sofern es sich um uneheliche Minderjährige handelt, in der mütterlichen Familie erzogen oder verpflegt werden.

In Sachsen (AGzBGB. §§ 37—39, Verordnung vom 6. Juli 1899 § 37) kann die Gemeinde mit Genehmigung des Justizministers den Vorstand einer unter staatlicher Aufsicht stehenden Erziehungs- oder Verpflegungsanstalt oder einen Beamten bestimmen, dem die Rechte und Pflichten eines Vormundes oder Pflegers über alle oder über gewisse Minderjährige zustehen, die in der Anstalt oder unter der Aufsicht des Vorstandes oder Beamten in einer von ihm ausgewählten Familie oder Anstalt oder, soweit sie unehelich sind, in der mütterlichen Familie erzogen oder verpflegt werden; dies gilt nicht für Minderjährige, für deren Bevormundung ein anderes als ein sächsisches Gericht zuständig ist.

In Württemberg ist der Anstaltsvormund als gesetzlicher Vormund für die Zwangszöglinge bestimmt, welche in einer unter staatlicher Verwaltung oder Aufsicht stehenden Erziehungsanstalt untergebracht sind (Zwangserziehungsgesetz vom 29. Dezember 1899 Art. 13).

In Baden (Gesetz vom 16. August 1900) können Gemeinden oder Kreise mit Genehmigung der Ministerien der Justiz und des Innern beschließen, daß Beamten der Gemeinde- oder Kreisarmenverwaltung alle oder einzelne Rechte und Pflichten eines Vormundes für die Minderjährigen übertragen werden, welche im Wege der Armenpflege unterstützt und unter Aufsicht der Beamten entweder in einer von diesem ausgewählten Familie oder Anstalt oder, sofern es sich um uneheliche Kinder handelt, in der mütterlichen Familie erzogen oder verpflegt werden. Vgl. hiezu die badische Rechtspolizeiordnung vom 1. März 1907 § 72.

Nach dem hessischen Gesetze vom 19. August 1905 kann das Vormundschaftsgericht mit Genehmigung des Ministeriums der Justiz den Vorstand einer unter staatlicher oder kommunaler Verwaltung stehenden Erziehungs- oder Verpflegungsanstalt oder einen von dem Vorstande bezeichneten Angestellten der Anstalt zum Vormunde der im Art. 136 des EGzBGB. bezeichneten Minderjährigen bestellen, sofern sie im Wege der öffentlichen Armenpflege unterstützt werden.

Durch statutarische Anordnung einer Gemeinde oder eines weiteren Kommunalverbandes kann ferner mit Genehmigung des Justizministers bestimmt werden, daß der Vorstand einer unter kommunaler Verwaltung stehenden Erziehungs- oder Verpflegungsanstalt oder ein Beamter alle oder einzelne Rechte und Pflichten eines Vormundes für die Minderjährigen hat, welche im Wege der Armenpflege unterstützt und in der Anstalt oder unter der Aufsicht des Vorstandes oder Beamten in einer von ihm ausgewählten Familie oder Anstalt oder bei unehelichen Kindern in der mütterlichen Familie erzogen oder verpflegt werden.

Elsaß-Lothringen (AGzBGB. §§ 136—140) hat die gesetzliche Vormundschaft des Anstaltsvorstandes für die Minderjährigen bestimmt, welche auf Grund des Dekrets vom 19. Januar 1811, betr. die Findelkinder, die verlassenen Kinder und die armen Waisen, in ein Pflegehaus aufgenommen oder unter der Aufsicht des Verwaltungsrats des Pflegehauses in einer Familie oder Anstalt erzogen oder verpflegt werden.

Über die Gesetzgebung anderer deutscher Bundesstaaten vgl. die AGzBGB. von Oldenburg § 32, Braunschweig §§ 94—98, Anhalt Art. 65, Schwarzburg-Sondershausen Art. 58, Sachsen-Coburg-Gotha Art. 49 § 10, Altenburg § 118, Reuß ä. L. § 134, Reuß j. L. § 109, Waldeck Art. 41, Hamburg § 75. Diese Gesetze behandeln außer Reuß ä. L. sämtlich nur den Anstaltsvormund.

Soweit in den genannten Staaten dem Vorstand oder einem Angestellten einer Erziehungs- oder Verpflegungsanstalt oder einem Beamten die rechtliche Stellung eines Vormundes übertragen ist, ist ein Gegenvormund nicht zu bestellen. Auch stehen dem Vormunde die nach § 1852 BGB. zulässigen Befreiungen zu. Nach den sämtlichen Gesetzen tritt ferner die gesetzliche Vormundschaft nur unbeschadet der Befugnis des Vormundschaftsgerichts ein, einen anderen Vormund zu ernennen.

III. Die Einführung der Berufsvormundschaft in Bayern.

In Bayern ist bisher von dem Vorbehalte des Art. 136 nur in Ansehung des Anstaltsvormundes Gebrauch gemacht worden.

Nach Art. 100 des AGzBGB. kann für eine unter staatlicher Verwaltung oder Aufsicht stehende Erziehungs- oder Verpflegungsanstalt durch Anordnung der zuständigen Staatsministerien bestimmt werden, daß der Vorstand der Anstalt die Rechte und Pflichten eines Vormundes für die zur Erziehung oder zur Verpflegung in die Anstalt aufgenommenen Minderjährigen hat. Der Vorstand behält die Rechte und Pflichten des Vormundes auch nach der Beendigung der Erziehung oder Verpflegung bis zur Volljährigkeit des Mündels. Dem Vorstande stehen die nach § 1852 Abs. 2 des BGB. zulässigen Befreiungen zu; ein Gegenvormund ist nicht zu bestellen. Die Befugnis des Vormundschaftsgerichts, einen anderen Vormund zu bestellen, bleibt unberührt; auf Antrag des Vorstandes muß ein anderer Vormund bestellt werden.

Die Zuständigkeit der Staatsministerien ist durch den § 23 der Zuständigkeitsverordnung vom 24. Dezember 1899 dahin geregelt, daß die Anordnung von dem Staatsministerum der Justiz und demjenigen Staatsministerium erlassen wird, unter dessen Aufsicht die Anstalt steht. Die erforderlichen Ausführungsbestimmungen sind in der Bek. des Staatsministerums der Justiz vom 19. Januar 1900, die VormO. betr. (JMBl. S. 181) § 27, vorgesehen. Die Stellung eines Anstaltsvormundes ist zurzeit nur den Verwaltungskommissionen der Waisenhäuser in Landau i. Pf., Speyer und Zweibrücken verliehen (MBek. vom 16. Februar 1900 JMBl. S. 543, Weber Bd. 29 S. 274).

Bezüglich des Berufsvormundes hat das AGzBGB. von dem Vorbehalt des Art. 136 keinen Gebrauch gemacht.

Die Begründung zu dem Entwurf eines AGzBGB. (Verh. d. K. der Abg. 1898/99 Beil. Bd. 20 Abt. I S. 53) bemerkt, daß in Bayern ähnliche Einrichtungen, wie der Berufsvormund, nicht bestehen und auch Bestrebungen, sie einzuführen, bisher nicht hervorgetreten seien. Sollte sich in einer Gemeinde das Bedürfnis ergeben, die vormundschaftliche Amtsführung für die Mündel, welche der Berufsvormundschaft unterstellt werden könnten, in die Hand eines Gemeindebeamten zu legen, so lasse sich dieses Ziel dadurch erreichen, daß das Vormundschaftsgericht in jedem solchen Falle den hiezu bestimmten Gemeindebeamten zum Vormunde bestelle (vgl. die Begründung).

Seit der Einführung des BGB. ist jedoch auch in Bayern eine breitere Grundlage für die Einführung der gemeindlichen Berufsvormundschaft geschaffen worden. Es kommen hier insbesondere in Betracht das Zwangserziehungsgesetz vom 10. Mai 1902 und die Bek. des K. Staatsministeriums des Innern vom 6. Februar 1906 über die Beaufsichtigung der Kostkinder, JMBl. 1906 S. 37 ff. Nach dem Zwangserziehungsgesetz kann der Vormundschaftsrichter in dem Falle, wo es sich um einen Minderjährigen handelt, der der Gefahr der körperlichen oder sittlichen Verwahrlosung ausgesetzt ist, anordnen, daß dieser Minderjährige in einer geeigneten Familie oder in einer Erziehungs- oder Besserungsanstalt unterzubringen sei. Die Vollziehung dieser Anordnung und die Entscheidung darüber, ob die Unterbringung in einer Familie oder in einer Anstalt zu geschehen hat, hat nach Art. 5 des Zwangserziehungsgesetzes die Distriktsverwaltungsbehörde, demnach in unmittelbaren Städten der Stadtmagistrat. Nach Art. 7 des genannten Gesetzes hat der Gemeindewaisenrat, der wiederum ein gemeindliches Organ ist, über die Erziehung der in Familien untergebrachten Kinder zu wachen. Was die Bek. über das Kostkinderwesen anlangt, so ist durch § 5 Abs. 1 und 2 der Bek. vom 6. Februar 1906 bestimmt, daß die Ortspolizeibehörde — in der Regel also die Gemeindebehörde — im Benehmen mit den Gemeindewaisenräten darüber zu wachen hat, daß den Kostkindern in jeder Beziehung die erforderliche körperliche und sittliche Pflege zuteil wird. Zum Zwecke der Ausübung dieser Befugnisse können von der Ortspolizeibehörde bestimmte Organe aufgestellt werden.

Inzwischen sind ferner von verschiedenen Seiten, entsprechend dem sozialen Zuge der Zeit, auch in Bayern Bestrebungen zutage getreten, welche auf die Schaffung von Berufsvormundschaften abzielen.

Die Berechtigung dieser Bestrebungen läßt sich um so weniger bestreiten, als die in anderen Bundesstaaten mit der Berufsvormundschaft gemachten Erfahrungen als durchaus günstig bezeichnet werden.

Mit Rücksicht hierauf sowie im Hinblick auf die aus der Einführung der Berufsvormundschaften in vielfacher Hinsicht sich ergebenden Vorteile namentlich auf sozialem Gebiete, hat es sich auch für Bayern empfohlen, der Frage der Einführung der Berufsvormundschaften näher zu treten und zwar in der Weise, daß im Wege gesetzlicher Anordnung den Gemeinden die Möglichkeit geschaffen wird, die Berufsvormundschaft einzuführen.

Der in der Begründung zum AGzBGB. gewiesene Weg, siehe S. 9, die Vorteile der Berufsvormundschaft sich ohne gesetzliche Regelung zu sichern, hätte zwar in vielen Fällen auch zum Ziele führen können. Er war auch zur Zeit der Erlassung des AG. genügend, da die Berufsvormundschaft sich auf gewissen Einrichtungen des öffentlichen Rechtes aufbaut und vor dem Inkrafttreten des BGB. in den Gemeinden Stimmen nach Einführung des Berufsvormundes nicht laut geworden sind. Der Aufschwung, den seit dem Inkrafttreten des Zwangserziehungsgesetzes die Fürsorge für verlassene und verwahrloste Kinder genommen hat, die günstigen Erfahrungen, welche mit dem Gemeindewaisenrate und insbesondere den Waisenpflegerinnen gemacht worden sind, und die erfolgreiche Aufmerksamkeit, welche jetzt den Kostkindern gewidmet wird (vgl. die MBek. vom 6. Februar 1906, MABl. S. 56, JMBl. S. 37), hat es aber erwünscht und geboten erscheinen lassen, einen Schritt weiter zu tun und der Frage der Einführung der Berufsvormundschaft im Wege der gesetzlichen Regelung näher zu treten, um so mehr als jenes Auskunftsmittel der Begründung des AG. dann versagt, wenn Personen vorhanden sind, welche ein Recht auf die Berufung zum Vormunde haben (§ 1776 BGB.) und sich nicht übergehen lassen wollen.

IV. Die Vorteile der gemeindlichen Berufsvormundschaft.

Nach dem gegenwärtigen Rechtszustande hat die Gemeinde auf dem Gebiete der Kinderfürsorge mehrfache Aufgaben, teils allein teils neben und unter staatlichen Behörden zu erfüllen. Die Gemeinde hat die polizeiliche Fürsorge für die Kostkinder, die armenrechtliche Fürsorge für die der Armenpflege anheimgefallenen Kinder und die Fürsorge für verwaiste Kinder. Die Gemeinde ist ferner bei der Fürsorge für die der Zwangserziehung unterworfenen Kinder beteiligt und sie ist durch den Gemeindewaisenrat auch zur Mitwirkung bei der Führung der Obervormundschaft berufen. Die Aufgaben, welche ihr gegenüber den Kostkindern und gegenüber den im Wege der Armenpflege unterstützten und erzogenen Kindern obliegen, können durch die Einrichtung des Berufsvormundes, wenn als Berufsvormund ein Gemeindebeamter bestimmt wird, wesentlich gefördert werden. Die Einrichtung des gemeindlichen Berufsvormundes kann auch für die der Zwangserziehung unterworfenen Kinder, welche in einer Familie untergebracht sind, von erheblicher Tragweite sein. Die gemeindliche Berufsvormundschaft bildet insofern eine gewisse Ergänzung der gemeindlichen Organe auf dem Gebiete der Kinderfürsorge und der Armenpflege (Motive). Wurde es doch von den Armenverwaltungen oft sehr mißlich empfunden, daß es zwar die Pflicht der Armenbehörde war, die Kosten der Unterbringung und die Verantwortung für die Pflege unehelicher oder verwaister, verwahrloster oder hilflos verlassener Kinder zu übernehmen, daß aber der Bestand und der zweckentsprechende Erfolg dieser Maßnahmen in keiner Weise gesichert war. Häufig durchkreuzten Angehörige oder dritte Personen aus selbstsüchtigen oder auch wohlgemeinten, aber in ihrer weiteren Tragweite nicht erkannten Beweggründen die das Wohl und Wehe der Kinder betreffenden Anordnungen; oder es wurden aus reiner Nachlässigkeit, Gleichgültigkeit oder Pflichtvergessenheit Vermögensansprüche, namentlich Unterhaltsansprüche der Kinder, nicht geltend gemacht. Wohl mußten erforderlichenfalls den Kindern auf Vorschlag des Gemeindewaisenrats von den Vormundschaftsgerichten Vormünder bestellt werden; allein schon die Auswahl hiefür geeigneter Persönlichkeiten stieß oft auf unüberwindliche Schwierigkeiten, und war schließlich nach schwierigen und zeitraubenden Verhandlungen ein Vormund gefunden, so zeigte sich vielfach, daß mit dieser Maßnahme zwar eine Förmlichkeit des Gesetzes erfüllt worden, daß aber sachlich für den armen Mündel so gut wie gar nichts erreicht war.

Diesen Nachteilen gegenüber zeigen sich die Vorteile des Berufsvormundes besonders bei den im Wege der Armenpflege erzogenen und bei den unehelichen Kindern. Sie liegen sowohl auf dem Gebiete der Sorge für die Person als auf dem vermögensrechtlichen Gebiete. Namentlich in größeren Städten mit ihrer zu- und abfließenden Bevölkerung sind die Mündel häufig ohne jeden Zusammenhang mit den Vormündern. Diese wissen oft gar nicht, wo sich die Mündel befinden und widmen ihnen keine Fürsorge. So wenig Erfolg das vormundschaftliche Amt in solchen Fällen nicht selten für die Mündel hat, so schwer fällt es häufig für diese unglücklichen Kinder eine Person aufzutreiben, die Vormund werden will. Der Berufsvormund hat kraft seines Berufs sich um die Kinder zu kümmern, er ist hiezu, da er anderweit nicht in Anspruch genommen ist, auch in der Lage, ist entsprechend geschult und genießt obrigkeitliches Ansehen. Er kann und wird sich der Person der Kinder in entsprechende Weise widmen. Bei unehelichen Kindern kommt hinzu, daß der Berufsvormund dem unehelichen Vater fremd und unabhängig gegenübersteht, er wird schon deshalb eher in der Lage sein, die Unterhaltsbeiträge beizutreiben. Dadurch wird aber auch die öffentliche Armenpflege entlastet. (Motive).

Durch die Einführung der Berufsvormundschaft wird also den Gemeinden eine größere Gewähr für eine zweckentsprechende Verwendung der von ihnen für unvermögende Minderjährige bereit zu stellenden Mittel, vor allem aber die Möglichkeit geschaffen, die Interessen der zahlreichen der Armenpflege anheimfallenden Kinder in energischerer und sachgemäßerer Weise wahrzunehmen als dies bisher durch Einzelvormünder zu geschehen pflegte.

Die Schulung eines berufsmäßigen Vormunds, seine Erfahrung, seine Unabhängigkeit von Nebenrücksichten auf Personen und Verhältnisse, die bei gewöhnlichen Vormündern so oft eintreten, das bei ihm vorauszusetzende Bewußtsein seiner amtlichen Pflicht und nicht zum wenigsten sein amtliches Ansehen werden ihn dazu befähigen, die Geschäfte als Vormund in vielen Fällen nachdrücklicher, gründlicher und sorgfältiger zu besorgen, als z. B. die Mutter eines unehelichen Kindes, welche als Vormünderin desselben aufgestellt wird. Ein solcher gemeindlicher Berufsvormund wird viel energischer bei Eintreibung der Unterhaltsbeträge gegen den Kindsvater auftreten können, als die Kindsmutter. In dieser Beziehung ist dem Aufsatze in den Blättern für administrative Praxis Bd. 56 S. 355, 357 die interessante Tatsache zu entnehmen, daß in Leipzig, wo die Berufsvormundschaft besteht, im Jahre 1904 und 1905 von den gemeindlichen Berufsvormündern 160000 Mk. und 180000 Mk. an Alimenten eingetrieben worden sind, ein für die Armenlasten der Gemeinde sehr in Betracht kommendes Ergebnis, das voraussichtlich nicht erreicht worden sein würde, wenn die Wahrnehmung der vermögensrechtlichen Interessen des Mündels einem Einzelvormund überlassen gewesen wäre. Mit der Einführung der Berufsvormundschaft werden auch die Klagen über die Vormünder, die mit den zunehmenden Schwierigkeiten namentlich in den Großstädten täglich häufiger und lauter werden, wenn nicht ganz, so doch großenteils verstummen. Es darf auf das bestimmteste erwartet werden, daß sowohl die Sorge für die Person wie die Wahrnehmung der Vermögensrechte der Mündel namentlich gegen ihren unehelichen Erzeuger in den Händen des beamtenmäßig geschulten und mit öffentlicher Autorität bekleideten Generalvormundes regelmäßig bessere Erfolge aufweisen wird, als dies von einzelnen Vormündern, denen es oft an Erfahrung und gutem Willen fehlt, erwartet werden darf. Vgl. Agahd S. 78, 79.

Als ein Vorzug des Berufsvormundes ist es ferner zu erachten, daß infolge der kollektiven Bevormundung der dem Berufsvormund unterstellten Kinder eine große Zahl von Personen, deren Tätigkeit gegenwärtig durch das Amt als Einzelvormund solcher Kinder in Anspruch genommen wird, für die Verwendung bei anderen Vormundschaften oder Ehrenämtern frei wird. Die Gemeinde entlastet mit dem Berufsvormunde nicht nur ihre Angehörigen von der Verpflichtung, Vormundschaften zu übernehmen, sondern sie gewinnt die frei gewordenen Kräfte für andere Aufgaben. Nicht mit Unrecht klagt Adickes in seiner Schrift: Grundlinien durchgreifender Justizreformen S. 159 über die bei uns herrschende Verschwendung kostbarer ehrenamtlicher Kräfte und schlägt Ersetzung durch besoldete Beamte vor.

Die Einführung der Berufsvormundschaft gewährleistet ferner eine viel intensivere Tätigkeit auf dem Gebiete der Fürsorge als bisher. Der Gemeindewaisenrat, der jetzt schon hinreichend damit zu tun hat, Vormünder auszumitteln und vorzuschlagen — eine unangenehme und zugleich aufhaltende Beschäftigung, wird durch die Einführung der Berufsvormundschaft mehr Zeit gewinnen, sich seiner vornehmsten Aufgabe, einer sorgfältigen fortlaufenden Überwachung der Mündel seines Bezirks, zu widmen, eine Aufgabe, die bis jetzt mehr oder minder in den Hintergrund getreten war vor der nebensächlichen Beschäftigung des Vormundsvorschlages.

Von eminentester Bedeutung wird die Berufsvormundschaft dann werden, wenn sie ihre besondere Aufgabe darin erblickt, bei ihren Schützlingen für die Berufsbildung beider Geschlechter zu sorgen und dafür die wichtigen Formen und Mittel zu entdecken. Gerade in rein erzieherischen Fragen hat die Einzelvormundschaft in den meisten Fällen versagt. Nicht zum geringsten aus dieser Erfahrung heraus ist der Ruf nach der Einführung der Berufsvormundschaft begründet worden. Es kann nicht in Abrede gestellt werden, daß die zielbewußt geleitete Vorbildung zu einem den persönlichen Neigungen und Fähigkeiten des Mündels entsprechenden Beruf entscheidend sein kann für die ganze Zukunft eines Menschen. Die Zwangserziehung, deren heilsame Wirkungen keineswegs in Abrede gestellt werden sollen, ist zu einer vorbeugenden Tätigkeit gegenüber der Verwahrlosung der Jugend nicht geeignet. Die Berufsvormundschaft dagegen vermag ihre Schützlinge schon zu einer Zeit zu fassen, wo die Verwahrlosung noch nicht begonnen hat. Sie bietet eine wichtige, im Augenblicke jedenfalls die beste Handhabe, um bei einem großen Teile der gefährdeten Jugend die Pflichten öffentlichen Schutzes, die der Staat in der Vormundschaftsgesetzgebung formell anerkannt hat, auch tatsächlich zur rechten Zeit auszuüben. Zeitschrift für Sozialwissenschaft 1906 S. 155. Die Berufsvormundschaft wird es ermöglichen, daß an die Stelle der bloßen Repression die weit wirksamere Prophylaxe treten wird.

Die Erfahrungen, welche in anderen Bundesstaaten mit dem Berufsvormunde gemacht wurden, werden als günstig bezeichnet. Berufsvormundschaften gibt es z. B. in Leipzig, Halle, Breslau, München-Gladbach, Hanau, Baden, Mannheim, Freiburg, Heidelberg.

Es empfiehlt sich, an dieser Stelle einen Überblick darüber zu geben, in welchem Umfange sich in den Bundesstaaten, die von dem Vorbehalte des Art. 136 EGzBGB. Gebrauch gemacht haben, die Berufsvormundschaft entwickelt hat. Diese Entwicklung ging langsam, aber stetig vor sich.

In Preußen gibt es 37 gesetzliche Berufsvormundschaften der Armenbehörden mit 3875 Mündeln, 3 Bestellungsvormundschaften (Bestallungsvormundschaften) der Armenbehörden und 4 Bestellungsvormundschaften der Stadtgemeinden über alle unehelichen Kinder. In Sachsen bestehen 7 gesetzliche Berufsvormundschaften der Armenbehörden mit 258 Mündeln, 1 Bestellungsvormundschaft der Armenbehörde mit 287 Mündeln und 1 gesetzliche Berufsvormundschaft einer Stadtgemeinde über alle unehelichen Kinder mit 465 Mündeln. Die Berufsvormundschaft besteht ferner in Baden, in Hessen, in einigen Städten in Elsaß-Lothringen, sowie in Bremen; in Elsaß-Lothringen unterstehen z. B. einer gesetzlichen Berufsvormundschaft der Armenbehörde 1824 Mündel. Zeitschrift für Sozialwissenschaft 1906 und Schriften des deutschen Vereins für Armenpflege und Wohltätigkeit 81.—83. Heft (1906, 1907).

V. Argumente gegen die Berufsvormundschaft.

Trotz des zweifellos günstigen Einflusses, den die Berufsvormundschaft an verschiedenen Orten schon ausgeübt hat, fehlt es dem Institute der Berufsvormundschaft nicht an Gegnern. Es ist hervorgehoben worden, daß die Gefahr bestehe, es würde bei der großen Zahl der in größeren Stadtgebieten von einem Beamten zu bevormundenden Minderjährigen der persönliche Einfluß des Vormundes auf den Mündel hinter einer mehr geschäftsmäßigen Behandlung zurücktreten und die individualisierende Tätigkeit des Vormundes gegenüber dem Mündel verflachen. Man befürchtet ferner eine neue nicht unbedeutende Belastung der Gemeinden, zumal wenn als Berufsvormünder nicht niedere Gemeindebedienstete, sondern höhere Gemeindebeamte in Betracht kommen sollten; man behauptet, daß namentlich in großen Gemeinden der Berufsvormund sich voraussichtlich noch weniger als ein Einzelvormund um die Person des einzelnen Mündels kümmern könne und daß er wohl in der Hauptsache als Prozeßbevollmächtigter in Alimentationsklagen fungieren werde; man bezweifelt, ob es zweckmäßig ist, neben dem Vormundschaftsgerichte auch dem Vormund eine Art obrigkeitlichen Ansehens zu geben, jedenfalls sei das Vormundschaftsgericht dem Berufsvormunde gegenüber nicht mehr so frei und mächtig, wie gegenüber dem Einzelvormund; auch glaubt man annehmen zu sollen, daß die Entlastung der öffentlichen Armenpflege keineswegs sicher sei, zumal ja die Berufsvormundschaft nicht bloß für arme Kinder in Frage kommen solle und durch sie selbst bedeutende Kosten erwüchsen; auch hegt man die Besorgnis, daß manche Mütter, die sehr an ihren Kindern hängen, mit Rücksicht auf die drohende Berufsvormundschaft sich noch mehr als jetzt dagegen sträuben würden, die öffentliche Armenpflege in Anspruch zu nehmen und daß damit unter Umständen das Gegenteil von dem, was angestrebt werde, herbeigeführt werde.

Die gegen das Institut der Berufsvormundschaft vorgeführten

Bedenken sind meines Erachtens nicht begründet. Gewiß kann keine Behörde die einzelne Fürsorge ersetzen, die dem Vormunde ermöglicht wird durch den unmittelbaren Verkehr von Person zu Person und die dabei erlangte Einsicht in das, was dem Mündel not tut. Eine befriedigende Tätigkeit wird von dem Berufsvormund in jedem Falle aber dann erwartet werden dürfen, wenn er sich frei von aller bureaukratischen Tätigkeit, von aller Schablone macht und wenn er, was ihm nicht unmöglich ist, in den unmittelbaren Verkehr mit seinen Mündeln tritt und sich mit warmem Herzen und Verständnis der persönlichen und der Vermögensinteressen seiner Schutzbefohlenen annimmt. Die Besorgnis, daß die Berufsvormundschaften eine finanzielle Mehrbelastung der Armenverwaltung zur Folge haben werde, ist jedenfalls ein Ausfluß übertriebener Ängstlichkeit. Die Berufsvormundschaften werden voraussichtlich zunächst nur in den größten und größeren Städten zur Einführung gelangen, wo alljährlich Hunderttausende und Millionen für die Zwecke der Armenpflege verausgabt werden. Bei diesen enormen Summen spielt eine Ausgabe von einigen tausend Mark hin und her eine Rolle überhaupt nicht.

Eine übermäßige Belastung wird keine Gemeinde mit der Berufsvormundschaft auf sich nehmen. Denn die Zahl der unter die Berufsvormundschaft fallenden Mündel wird nicht besonders groß sein. Nach den von der Justizverwaltung angestellten Erhebungen wird die Berufsvormundschaft in München für 2500—3000 Kinder (darunter 2000 Kostkinder), in Nürnberg für 1000—1200, in Augsburg für etwa 600, in Ludwigshafen für über 100, in Würzburg für 300, in Fürth für 500 Kinder eingeführt werden können. Zudem ist sicher zu erwarten, daß die Einführung der Berufsvormundschaft wenigstens teilweise eine Entlastung der öffentlichen Armenpflege im Gefolge haben wird. Die Besorgnis, daß das Vormundschaftsgericht gegenüber dem mit obrigkeitlichem Ansehen ausgestatteten Berufsvormunde eine Einbuße in der Freiheit und der Macht seiner Stellung erleiden werde, läßt sich leicht mit dem Hinweis darauf zerstreuen, daß der Berufsvormund dem Vormundschaftsgerichte gegenüber keine andere Stellung hat als der Einzelvormund, daß der Berufsvormund genau so der Aufsicht des Vormundschaftsgerichtes untersteht wie der Einzelvormund. Am meisten hat der Einwand etwas für sich, daß manche Mütter noch mehr als jetzt vor der Inanspruchnahme der öffentlichen Armenpflege zurückschrecken werden. Aber auch dieser Gefahr kann wirksam dadurch begegnet werden, daß sowohl der Gemeindewaisenrat als das Vormundschaftsgericht ein scharfes und wachsames Auge über die Mündel ihres Bezirkes haben.

VI. Der Inhalt des Gesetzes über die Berufsvormundschaft.

Das Gesetz übt einen Zwang auf die Gemeinden zur Einführung der Berufsvormundschaften in keiner Weise aus, indem es davon ausgeht, daß die Frage, ob die Berufsvormundschaft eingeführt werden soll, von den Gemeinden selbst zu beantworten ist. Die Einführung der Berufsvormundschaft ist vollständig dem Selbstbestimmungsrechte der Gemeinden überlassen. Auch die Frage, in welcher Form und in welchem Umfange die Berufsvormundschaft auszugestalten ist, bleibt dem freien Selbstverwaltungsrechte der Gemeinden überlassen.

Die Art. 1 und 2 behandeln die beiden Möglichkeiten, in denen die gemeindliche Berufsvormundschaft eingeführt werden kann; sie umschreiben den Kreis der unter die Berufsvormundschaft fallenden Schützlinge und stellen die Voraussetzungen für den Eintritt der Berufsvormundschaft fest. Die gemeindliche Berufsvormundschaft ist auf zwei Wegen möglich:

a) Ein von der Gemeinde bezeichneter Beamter kann kraft Gesetzes Vormund für die unter die Berufsvormundschaft fallenden Minderjährigen sein (gesetzliche Vormundschaft) Art. 2. Dieser Weg wird sich in der Regel nur für größere Gemeinden eignen. Er setzt voraus, daß die gesetzliche Vormundschaft des Berufsvormundes durch ein Statut näher bestimmt wird. Das Gesetz selbst schafft nur den gesetzlichen Rahmen, während die Ausfüllung dieses Rahmens vorzunehmen, die Aufgabe des Gemeindestatuts ist, das der Genehmigung der K. Staatsministerien der Justiz und des Innern unterliegt. In dem Statute sind insbesondere die Voraussetzungen festzustellen, unter denen die gesetzliche Vormundschaft eintritt. Auch die genaue Festlegung des für den Eintritt der gesetzlichen Vormundschaft maßgebenden Zeitpunktes hat in dem Statute zu erfolgen. Die Gemeinde kann sich dazu entschließen, ob sie die gesetzliche Vormundschaft auf alle nach den gesetzlichen Bestimmungen in Betracht kommenden Minderjährigen oder nur auf einzelne Gruppen derselben ausdehnen will. Es liegt ferner in der Hand der Gemeinden, auch den sachlichen Umfang der gesetzlichen Berufsvormundschaft zu bestimmen, indem durch das Statut dem Berufsvormunde das ganze Gebiet der vormundschaftlichen Tätigkeit oder nur einzelne Rechte und Pflichten, z. B. nur das Recht der Sorge für die Person der Minderjährigen unter Ausschluß des Rechts der Sorge für das Vermögen übertragen werden können.

Hat die Gemeinde ein Statut im Sinne des Art. 2 erlassen, so tritt der Gemeindebeamte von selbst, d. h. von Rechts wegen in die Rechte und Pflichten eines Vormundes über alle oder einzelne Kategorien von Minderjährigen ein, bei denen die gesetzlichen Voraussetzungen der Berufsvormundschaft vorliegen. Der Bestellung des Gemeindebeamten zum Vormunde durch das Vormundschaftsgericht bedarf es nicht.

b) Die Gemeinde kann sich aber auch damit begnügen, die Fürsorge von Fall zu Fall durch einen Beamten als Vormund zu übernehmen, indem sie einen ihrer Beamten von Fall zu Fall dem Vormundschaftsgerichte zur Übernahme der Vormundschaft zur Verfügung stellt (bestellte Berufsvormundschaft) Art. 1. Dieser Weg wird sich für kleinere Gemeinden eignen. Durch die Übernahme vieler Vormundschaften durch den Gemeindebeamten kann ein Ergebnis geschaffen werden, das der gesetzlichen Vormundschaft des Beamten tatsächlich sehr nahe kommt. Der Unterschied besteht nur darin, daß der Gemeindebeamte in jedem einzelnen Falle zum Vormunde besonders bestellt und verpflichtet werden muß, während bei der gesetzlichen Vormundschaft (Art. 2) die Vormundschaft des Gemeindebeamten von selbst eintritt. Diese Art der Berufsvormundschaft hat die Erlassung eines Gemeindestatuts nicht zur Voraussetzung.

Der Übertragung von Vormundschaften auf den Gemeindebeamten kann sich aus dem Rechte gewisser Personen, die ein Recht darauf haben, in erster Linie zu Vormündern bestellt zu werden (§ 1776 BGB.), ein Hindernis entgegenstellen. Die Beseitigung dieses Hindernisses ist der Zweck des Art. 1, der verfügt, daß ein Gemeindebeamter auch vor den in erster Linie zum Amte eines Vormundes berufenen Personen zum Vormunde bestellt werden kann.

In subjektiver Beziehung wird für den Eintritt sowohl der gesetzlichen wie der bestellten Berufsvormundschaft gefordert, daß der Minderjährige, für den der Gemeindebeamte Vormund werden soll, unter der Aufsicht des Beamten in einer von ihm ausgewählten Familie oder Anstalt erzogen oder verpflegt wird. Die Kinder, die nach dem geltenden bayerischen Rechte unter die Berufsvormundschaft fallen können, lassen sich in vier Gruppen einteilen:

1. Die Kinder, die im Wege der öffentlichen Armenpflege in einer Anstalt oder in einer fremden Familie erzogen oder verpflegt werden (Art. 11 Nr. 4 des ArmG.).

2. Die unehelichen Kinder, die zwar in der eigenen Familie, aber mit Unterstützung der Armenpflege erzogen oder verpflegt werden (Art. 11 Nr. 4 des ArmG.).

3. Die Kostkinder (Ziff. 5 der MBek. vom 6. Februar 1906, JMBl. 1906 S. 37 ff.).

4. Die Zwangserziehungszöglinge (Bek. vom 28. Juni 1902, Ausführungsbestimmungen z. ZwangserziehungsG. betr., JMBl. 1902 S. 629).

Alle unehelichen Kinder schlechthin fallen nicht unter die Berufsvormundschaft. Die Ausdehnung der Berufsvormundschaft auf Volljährige ist ausgeschlossen.

Der Abs. 4 des Art. 2 behandelt noch die Befugnis des Vormundschaftsgerichts, an Stelle des gesetzlichen Vormundes einen anderen Vormund zu bestellen und damit das Ende der gesetzlichen Vormundschaft herbeizuführen.

Entsprechend dem Vorbehalte des Art. 136 Nr. 2 EGzBGB. wird die reichsrechtliche Voraussetzung für den Eintritt der Berufsvormundschaft für uneheliche Kinder dahin abgeschwächt, daß es genügt, wenn die Erziehung oder die Verpflegung des Minderjährigen in der mütterlichen Familie unter der Aufsicht des Gemeindebeamten erfolgt (Art. 3).

Die Berufsvormundschaft dauert auch nach der Erledigung ihrer Aufgaben über die Beendigung der Erziehung oder Verpflegung der Minderjährigen fort (Art. 4). Der Art. 5 zieht die aus dem

Eintritte der Berufsvormundschaft des Gemeindebeamten auf das Amt des bisherigen Vormundes sich ergebende Folge, die darin besteht, daß soweit der Gemeindebeamte Rechte und Pflichten eines Vormundes erhält, die Rechte und Pflichten des bisherigen Vormundes endigen. Dem Berufsvormund ist gegenüber dem ehrenamtlichen Einzelvormund in vermögensrechtlicher Beziehung in gewissem Umfang eine befreite Stellung gewährleistet (Art. 6). Die Berufsvormundschaft des Gemeindebeamten kann schon vor der Erledigung ihrer Aufgaben durch einen Antrag der Gemeinde auf Entlassung ihres Beamten ihr vorzeitiges Ende finden (Art. 7). In dem Art. 8 wird lediglich eine Zuständigkeitsfrage in Zwangserziehungssachen, und dies nur speziell für München, behandelt.

Das Gesetz erfüllt nicht die Hoffnungen jener, die die Einführung der Berufsvormundschaft für alle unehelichen Kinder schlechthin fordern; vgl. Klumker-Spann, siehe Literaturnachweise. Diese Forderung gründet sich auf die auf statistischen Erhebungen beruhende Erkenntnis, daß bei sämtlichen unehelichen Kindern die Sterblichkeitsziffer eine erheblich größere ist als bei ihren ehelichen Altersgenossen, daß die Kriminalität der Unehelichen quantitativ und qualitativ größer als bei ehelichen ist, ferner daß die unehelichen Kinder, deren Mutter am Leben aber unverehelicht geblieben ist, was die körperliche Entwicklung, berufliche Ausbildung und Kriminalität anlangt, unverkennbar Entartungserscheinungen aufweisen.

Das Gesetz über die Berufsvormundschaften ist vielleicht der erste Schritt zu einer Weiterausbildung des Vormundschaftswesens, die in letzter Linie auf eine Übernahme der Vormundschaften durch den Staat, auf eine allgemeine staatliche Berufsvormundschaft abzielt. Die letzte Konsequenz dieser Weiterentwicklung führt zur Beseitigung der Vormundschaftsgerichte und zur Unterstellung des Vormundschaftswesens als eines Zweiges der öffentlichen Fürsorge unter das Gebiet der inneren Verwaltung; vgl. BlAdmPr. Bd. 56 S. 365. Bis zum Abschlusse dieser Entwicklung wird jedenfalls noch eine geraume Spanne Zeit vergehen. Vorerst hat es sich jedenfalls zu zeigen, ob das Institut der gemeindlichen Berufsvormundschaften lebensfähig und geeignet ist, einige auf dem Gebiete des Vormundschaftswesens hervorgetretene Mängel wirksam zu beseitigen.

Indem das Gesetz in hauptsächlichster Linie bezweckt, der Not und dem Elende armer und unglücklicher Kinder zu steuern, ist es eine sozialpolitische Tat. Für Bayern ist die Berufsvormundschaft die jüngste aller sozialpolitischen Bestrebungen. Mit Rücksicht hierauf verdient sie die nachdrücklichste Förderung. Es darf erwartet werden, daß die Gemeinden mit weitschauendem Blick und unbekümmert um kleinliche, finanzielle Rücksichten und Bedenken an die Einführung der Berufsvormundschaft herantreten werden. Daß die Kgl. Staatsregierung das ihrige dazu tun wird, daß das Gesetz auf der Grundlage sozialen Verständnisses zum Vollzuge kommt, steht nach der bestimmten Erklärung des Justizministers in der Sitzung der Kammer der Abgeordneten vom 6. Februar 1908 außer Zweifel. Gerade bei diesem Gesetze, dessen Bedeutung nicht in dem Inhalte seiner einzelnen Bestimmungen, sondern in seiner Erlassung überhaupt beruht, wird auf den Vollzug alles ankommen.

Bei allen Hoffnungen, die an die Einführung der Berufsvormundschaft geknüpft werden, wird es dennoch verfehlt sein, in ihr ein Allheilmittel gegen alle Mißstände der Einzelvormundschaft zu erblicken. Das Ideal der Vormundschaft kann die Berufsvormundschaft nicht darstellen. Das Ideal bleibt nach wie vor die ehrenamtliche Einzelvormundschaft. Solange es aber ideale Einzelvormünder nicht gibt, ist die Berufsvormundschaft unter allen Umständen lebhaft zu begrüßen als ein Notbehelf, als ein Ausweg, auf dem betrübenden Begleiterscheinungen, die die Einzelvormundschaft gezeitigt hat, in wirksamer Weise wird abgeholfen werden können. Die Berufsvormundschaft ist zu begrüßen als ein weiterer Fortschritt im Ausbau des Vormundschaftsrechts, als die Bestätigung der Erkenntnis, daß Jugendwohl nicht in letzter Linie Staatswohl ist.

Nach wie vor wird der Schutz, der den Schwachen und Hilfsbedürftigen durch die Rechtsordnung gewährt wird, in dem Vormundschaftsgerichte gipfeln. Die Erwägung, daß das Leben und Gedeihen zahlreicher Kinder von der einsichtigen und energischen Geschäftsführung des Vormundschaftsrichters abhängt, fordert immer mehr gebieterisch, daß zu dem Amte eines Vormundschaftsrichters nur Männer berufen werden, die eine gesteigerte Empfänglichkeit, ein jederzeit offenes Auge und ein warmes Herz haben für die gesamten Bedürfnisse der hilfsbedürftigen, notleidenden, vernachlässigten und verwahrlosten Jugend.

Ich möchte zum Schlusse dieser einleitenden Bemerkungen nicht unterlassen, auf die Verfügung des preußischen Justizministers vom 25. Januar 1906 (DJZ. 1906 S. 249) hinzuweisen, wo folgendes ausgeführt ist: „Das obervormundschaftliche Amt hat durch das neue Recht eine so intensive Erweiterung seines Pflichtenkreises insbesondere auf dem Gebiete der persönlichen Fürsorge für die Jugend erfahren, die dem Gerichte zugewiesene Einwirkung auf das Familienleben weiter Kreise ist eine so tiefgehende und für die gesamte Volkserziehung bedeutungsvolle, daß der Richter durch eine bloß korrekte aktenmäßige Behandlung der ihm unterbreiteten Fälle seiner Aufgabe nicht gerecht wird, daß es vielmehr in jedem Falle des verständnisvollen Eindringens in die Anschauungen, Bedürfnisse und Interessen der Beteiligten bei steter Berücksichtigung des Gemeinwohles bedarf, wenn der Richter nicht nur äußerlich seine Pflicht erfüllen, sondern in dem Sinne wirken soll, welchen die Gegenwart von jedem zur Mitarbeit bei der Heilung sozialer Schäden Berufenen verlangt.

Nur durch ein fortgesetztes, planmäßiges Zusammenwirken der staatlichen, kommunalen und charitativen Jugendfürsorge wird sich ein guter Erfolg erzielen lassen."

Erläuterungen des Gesetzes.

Vorbemerkungen zu Art. 1 und 2.

1. Die Überschrift des Gesetzes lautete ursprünglich: Gesetz, betreffend die Berufsvormundschaft und die Zwangserziehung.

Mit Rücksicht darauf, daß in dem Gesetze materielle Bestimmungen über das Zwangserziehungswesen nicht enthalten sind, in dem Art. 8 vielmehr nur eine formale Kompetenzbestimmung, die selbst nur München betrifft, gegeben wird, wurden die Worte „und die Zwangserziehung" gestrichen. Vgl. Verhandlungen des Ausschusses der Reichsratskammer vom 3. Januar 1908.

2. Die gemeindliche Berufsvormundschaft ist auf zwei Wegen möglich.

a) Ein von der Gemeinde bezeichneter Gemeindebeamter kann kraft Gesetzes Vormund für die unter die Berufsvormundschaft fallenden Minderjährigen sein. Dieser Weg wird sich in der Regel nur für große Gemeinden eignen. Er setzt voraus, daß die gesetzliche Vormundschaft des Berufsvormundes durch ein Statut näher bestimmt wird. Die Beschreitung dieses Weges ist daher ebenso, wie die Einführung des Anstaltsvormundes nach dem Art. 100 des AGzBGB. eine Anordnung der zuständigen Staatsministerien voraussetzt, an die Genehmigung der Staatsministerien der Justiz und des Innern geknüpft. Hat eine Gemeinde diesen Weg beschritten, dann tritt der Gemeindebeamte von selbst d. h. von Rechts wegen in die Rechte und Pflichten eines Vormundes über alle oder einzelne Kategorien von Minderjährigen, bei denen die gesetzlichen Voraussetzungen der Berufsvormundschaft vorliegen, ein, ohne daß es einer Bestellung durch das Vormundschaftsgericht bedarf. (Gesetzliche Vormundschaft.)

b) Die Gemeinde kann sich aber auch damit begnügen, die Fürsorge von Fall zu Fall durch einen Gemeindebeamten als Vormund zu übernehmen, indem sie einen ihrer Beamten von Fall zu Fall dem Vormundschaftsgerichte zur Übernahme der Vormundschaft zur Verfügung stellt. (Bestellte Berufsvormundschaft.) Dieser Weg wird sich für kleinere Gemeinden eignen. Dadurch kann ein Ergebnis geschaffen werden, das der gesetzlichen Vormundschaft des Gemeindebeamten tatsächlich sehr nahe kommt. Der Unterschied besteht nur darin, daß in diesem Falle der Gemeindebeamte zum Vormund in jedem einzelnen Falle besonders bestellt und verpflichtet werden muß, während die Vormundschaft des

Gemeindebeamten bei der gesetzlichen Vormundschaft von selbst eintritt.

Zur Einführung der Berufsvormundschaft in dieser Form bedurfte es an sich einer gesetzlichen Regelung nicht. Der Übertragung von Vormundschaften auf Gemeindebeamte kann sich jedoch aus dem Rechte gewisser Personen, die ein Recht darauf haben, in erster Linie zum Vormunde bestellt zu werden (§ 1776 BGB.) ein Hindernis entgegenstellen. Um dieses, der Bestellungsberufsvormundschaft entgegenstehende Hindernis zu beseitigen, war es nur notwendig vorzuschreiben, daß der Gemeindebeamte vor den in erster Linie zum Amte eines Vormundes berufenen Personen zum Vormunde bestellt werden kann. Diese Vorschrift enthält der Art. 1.

Das Gesetz, betreffend die Berufsvormundschaften, eröffnet den Gemeinden beide Möglichkeiten, und zwar die erstere im Art. 2, die letztere im Art. 1. Es übt keinen Zwang auf die Gemeinden zur Einführung der Berufsvormundschaft aus, es schafft in Art. 2 nur einen gesetzlichen Rahmen, dessen nähere Ausfüllung dem Statute vorbehalten bleibt. Das Gesetz läßt den Gemeinden vollkommen freie Hand, ob und in welchem Umfange sie von der Einführung der Berufsvormundschaft Gebrauch machen wollen. Die Gemeinde kann die gesetzliche Vormundschaft auf alle nach den gesetzlichen Bestimmungen in Betracht kommenden Minderjährigen (vgl. die Bem. 7 zu Art. 1 S. 42 ff.), oder nur auf einzelne Gruppen derselben ausdehnen. Es liegt ferner in der Hand der Gemeinden, auch den sachlichen Umfang der gesetzlichen Vormundschaft zu bestimmen, indem durch das Statut dem Berufsvormunde das ganze Gebiet der vormundschaftlichen Tätigkeit, oder nur einzelne Rechte und Pflichten übertragen werden. Die Einführung der gesetzlichen Vormundschaft durch ein Statut ermöglicht es, den Bedürfnissen und den Verhältnissen der einzelnen Gemeinden im weitesten Umfange Rechnung zu tragen. Das Statut hat nur insoferne einen notwendigen Inhalt, als es die Voraussetzungen festzustellen hat, unter denen die gesetzliche Vormundschaft eintritt und als es den Zeitpunkt genau festzulegen hat, in welchem die gesetzliche Vormundschaft eintritt. Zweckmäßig wird in das Statut eine Bestimmung für den Fall eines Wechsels in der Person des gesetzlichen Vormundes aufgenommen. Auch das Verhältnis des gesetzlichen Vormundes zum Gemeindewaisenrat wird zweckentsprechend in dem Statute zu regeln sein. Wegen der Aufnahme weiterer Bestimmungen vgl. die Bem. 2 S. 55 ff.

Über das Verhältnis der Art. 1 und 2 zu einander ist folgendes zu sagen:

Die Einführung der gesetzlichen Vormundschaft durch die Erlassung eines Statuts schließt die Anwendbarkeit des Art. 1 in jenen Fällen nicht aus, in denen nach dem Ortsstatute die gesetzliche Vormundschaft sich nicht auf alle reichsrechtlich in Betracht kommenden Mündel, sondern nur auf einzelne Kategorien derselben erstreckt. Legt sich das Statut eine Beschränkung in diesem Sinne auf, so ist die Gemeinde nicht gehindert, von Fall zu Fall einen ihrer Beamten zum Vormunde für einen Minderjährigen bestellen zu lassen, der zwar nicht nach dem Statut unter die gesetzliche Vormundschaft fällt, der aber nach Art. 1 unter die Berufsvormundschaft fällt. Enthält das Statut eine solche Beschränkung nicht, so ist neben dem Art. 2 die Anwendbarkeit des Art. 1 ausgeschlossen, weil die unter die Berufsvormundschaft fallenden Schützlinge durch den gesetzlichen Vormund schon alle bevormundet sind.

Eine Gemeinde, die die Berufsvormundschaft in der Form des Art. 1 eingeführt hat, ist keinen Augenblick gehindert, ein Statut im Sinne des Art. 2 zu erlassen und damit die gesetzliche Vormundschaft einzuführen.

Umgekehrt kann eine Gemeinde, die schon die gesetzliche Vormundschaft in der Form des Art. 2 eingeführt hatte, die Aufhebung des Statuts beschließen und die Berufsvormundschaft in der Form des Art. 1 einführen.

Über den Einfluß solcher Maßnahmen auf die Stellung der Berufsvormünder vgl. Bem. γ S. 33; e S. 56 und 57.

3. Abgesehen von den Abweichungen, die sich auf das Bestellungsprinzip (§ 1774 BGB. Art. 136 Nr. 1, 2 EGzBGB., Art. 2), ferner auf die Übergehung der durch die Eltern oder das Gesetz als Vormund berufenen Personen (Art. 136 Nr. 3 EGzBGB. Art. 1) und auf die rechtliche Stellung des Vormundes (Art. 136 Nr. 4 EGzBGB., Art. 6) beziehen, erfährt das Vormundschaftsrecht des BGB. durch das Institut der Berufsvormundschaft keinerlei weitere Modifikationen.

4. Die Berufsvormundschaft unterscheidet sich auch in ihren Aufgaben nicht von der ehrenamtlichen Einzelvormundschaft. Es stehen dem Berufsvormunde für die Erfüllung seiner Aufgaben auch keine anderen gesetzlichen Mittel zu Gebote als dem Einzelvormunde.

5. Was die Terminologie betrifft, so ist hervorzuheben, daß das Gesetz die Begriffe „gesetzliche Vormundschaft", „gesetzlicher Vormund" als technische Begriffe nicht verwendet, so wenig als das BGB. selbst diese Begriffe kennt.

Die Art. 4 bis 7 beziehen sich sowohl auf den nach Art. 1 bestellten Gemeindevormund als auf den gesetzlichen Vormund nach Art. 2.

Artikel 1.[1])

Bestellte Berufsvormundschaft.

Das Vormundschaftsgericht kann[2]) vor den nach § 1776 des Bürgerlichen Gesetzbuchs als Vormünder berufenen Personen[3]) Beamte[4]) einer Gemeinde zu Vormündern[5]) für diejenigen Minderjährigen bestellen,[6]) welche unter der Aufsicht der Beamten in einer von ihnen ausgewählten

Familie oder Anstalt erzogen oder verpflegt werden.[7]) Es kann ihnen auch nur einzelne Rechte und Pflichten eines Vormundes übertragen.[8])

1. Der Art. 1 behandelt die bestellte Berufsvormundschaft. Er gründet sich auf den Vorbehalt des Art. 136 Nr. 3 des EGzBGB.

Er beseitigt das Hindernis, das sich der Übertragung von Vormundschaften auf Gemeindebeamte aus dem Rechte gewisser Personen auf das Amt des Vormunds entgegenstellen kann.

Der Art. 1 hat, anders als der Art. 2, die Erlassung statutarischer Bestimmungen seitens der Gemeinde nicht zur Voraussetzung. Vgl. im übrigen die Vorbem. 2b vor Art. 1.

2. Zuständigkeit des Vormundschaftsgerichts.

a) Zur Bestellung eines Gemeindebeamten als Berufsvormund ist das Gericht berufen, das für den Minderjährigen, dessen Aufnahme in eine Familie oder Anstalt beabsichtigt oder schon erfolgt ist, als Vormundschaftsgericht zuständig ist. Zuständig ist nicht etwa das Amtsgericht, in dessen Bezirk die Anstalt liegt oder die Familie wohnt, in der der zu bevormundende Minderjährige erzogen oder verpflegt werden soll. Durch die Landesgesetzgebung könnte dieses Amtsgericht als Vormundschaftsgericht nicht bestimmt werden.

b) Ist eine Vormundschaft schon anhängig, so ist das Gericht zur Bestellung des Gemeindebeamten zuständig, bei dem die Vormundschaft anhängig ist.

Ist eine Vormundschaft noch nicht anhängig, so entscheiden über die Zuständigkeit des Vormundschaftsgerichts die allgemeinen Vorschriften des § 36 FGG. Maßgebend für die Bestimmung der Zuständigkeit sind die tatsächlichen Verhältnisse in dem Zeitpunkte, in dem die Anordnung erforderlich wird, nicht in dem Zeitpunkte, in dem sie bei etwaiger Verzögerung der Anordnung wirklich erfolgt. Inzwischen eintretende Veränderungen sind ohne Belang. OLGRspr. 6 S. 301, Keidel S. 161, Wellstein S. 142 lit. c, Dorner S. 197 Bem. 5, Birkenbihl S. 145.

Für die Zuständigkeit ist in erster Linie maßgebend der gegenwärtige Wohnsitz des Minderjährigen.

Über Wohnsitz unehelicher Kinder vgl. ObLG. Bd. 1 S. 156, 205, 328; Bd. 2 S. 212, 541; Bd. 3 S. 251, 587; OLGRspr. Bd. 3 S. 36; von Doppelwaisen: ObLG. Bd. 1 S. 164; von ehelichen Kindern bei Wiederverheiratung der Mutter: ObLG. Bd. 4 S. 579.

Über Wohnsitz überhaupt: BlfRA. 1900 S. 440, 522; OLGRspr. Bd. 2 S. 71.

Ist der Wohnsitz streitig, so ist nach § 5 FGG. zu entscheiden, bei mehrfachem Wohnsitz nach § 4.

In zweiter Linie entscheidet der Aufenthalt des Mündels im Inlande, gleichgültig, ob er nur ein vorübergehender oder länger dauernder, ob er gewollt oder unfreiwillig ist. Über Aufenthalt vgl. OLGRspr. Bd. 2 S. 262, Bd. 3 S. 72.

Über Wohnsitz und Aufenthalt als Voraussetzung für die Zuständigkeit vgl. ZBlFG. 4 S. 306.

Hat ein Mündel im Inlande weder Wohnsitz noch Aufenthalt, so entscheidet der letzte inländische Wohnsitz. In Ermangelung eines solchen erfolgt die Bestimmung des zuständigen Gerichts durch die Landesjustizverwaltung, eventuell durch den Reichskanzler.

Bei einem Minderjährigen, dessen Familienstand nicht zu ermitteln ist, entscheidet der Fundort, nicht der Ort der Unterbringung die Zuständigkeit des Vormundschaftsgerichts. Kann ein Fundort nicht bestimmt werden, so ist nach § 5 FGG. zu entscheiden.

Unter mehreren zuständigen Gerichten gebührt dem Gerichte der Vorzug, das zuerst in der Sache tätig geworden ist. § 4 FGG.

Es gilt auch die für Geschwister in § 36 Abs. 1 Satz 2 FGG. gegebene Vorschrift. Von Dernburg Bd. 4 S. 358 Anm. 4 ohne Angabe von Gründen bezweifelt.

Der Gemeindebeamte kann jedoch nur für das von mehreren Geschwistern bestellt werden, in Ansehung dessen die Voraussetzungen für den Eintritt der Berufsvormundschaft vorliegen. Solchenfalls rechtfertigt sich die Abweichung von dem Grundsatze des § 1775 BGB., wonach für Geschwister regelmäßig nur ein Vormund zu bestellen ist. Stehen mehrere Geschwister unter der Aufsicht desselben Beamten, so kann dieser für die Geschwister in einem Bestellungsakte zum Vormunde bestellt werden. Möglich ist, daß zwei Beamte derselben Gemeinde für Geschwister zum Vormunde bestellt werden, falls diese unter der Aufsicht verschiedener Beamten derselben Gemeinde stehen. Da Geschwister auch unter der Aufsicht von Beamten verschiedener Gemeinden stehen können, ist auch eine Berufsvormundschaft von Beamten verschiedener Gemeinden möglich.

Ist eine Vormundschaft noch nicht anhängig, so hat sich der Beamte, der Vormund werden soll, mit seinem Verlangen, zum Vormunde bestellt zu werden, an das nach den vorerwähnten Grundsätzen als Vormundschaftsgericht in Betracht kommende Amtsgericht zu wenden, eventuell gleichzeitig mit dem Antrag auf **Anordnung der Vormundschaft.**

c) Daß auch eine Vormundschaft, bei der ein Gemeindebeamter Vormund ist (Art. 1 u. 2), nach Maßgabe der Vorschriften in § 46 FGG. aus wichtigen Gründen an ein anderes Vormundschaftsgericht abgegeben werden kann, bedarf nur der Erwähnung, nicht der Begründung. Über Begriff „wichtige Gründe" vgl. OLGRspr. Bd. 2 S. 262; ZBlFG. 2 S. 425; ObLG. Bd. 1 S. 73, 158, 487, 636, 741; Bd. 2 S. 72, 108, 154, 203, 292, 312, 516, 566, 622, 679, 761; Bd. 3 S. 81, 147, 309, 434, 544, 571, 942; Bd. 4 S. 109, 248, 556, 618.

Maßgebend ist vor allem das Interesse des Mündels, wobei wieder die Fürsorge für seine Person hauptsächlich in Betracht kommt.

In Betracht kommt ferner das Interesse des Vormundes an einer tunlichst einfachen, zweckentsprechenden und am wenigsten Kosten verursachenden Führung der Vormundschaft.

Auch die Interessen des Vormundschaftsgerichts können für die Abgabe der Vormundschaft maßgebend sein.

Der Eintritt der Berufsvormundschaft wird häufig Veranlassung dazu bieten, die Abgabe der Vormundschaft an das Gericht anzuregen, dessen Sitz im Bezirke der Gemeinde des Berufsvormundes gelegen ist, damit ein unmittelbarer Verkehr des Gemeindebeamten mit dem Vormundschaftsgericht möglich ist.

3. a) Das Vormundschaftsgericht kann vor den nach § 1776 BGB. in erster Linie als Vormünder berufenen Personen den Gemeindebeamten zum Vormunde bestellen, sei es nun, daß die Vormundschaft erst anzuordnen ist, sei es, daß sie schon angeordnet und ein nach § 1776 BGB. Berufener schon zum Vormunde bestellt war. Der Wortlaut des Art. 1 schließt nicht aus, daß er auch auf schon eingeleitete Vormundschaften Anwendung findet. Vgl. Art. 5.

Nach § 1776 BGB. sind in nachstehender Reihenfolge berufen:

1. wer von dem Vater des Mündels als Vormund benannt ist;
2. wer von der ehelichen Mutter des Mündels als Vormund benannt ist;
3. der Großvater des Mündels von väterlicher Seite;
4. der Großvater des Mündels von mütterlicher Seite.

Die Großväter sind nicht berufen, wenn der Mündel von einem anderen als dem Ehegatten seines Vaters oder seiner Mutter an Kindes Statt angenommen ist. Das gleiche gilt, wenn derjenige, von welchem der Mündel abstammt, von einem anderen als dem Ehegatten seines Vaters oder seiner Mutter an Kindes Statt angenommen ist und die Wirkungen der Annahme sich auf den Mündel erstrecken.

b) Die Berufung durch letztwillige Verfügung und die Berufung durch das Gesetz begründen ein Recht des Berufenen auf die Übertragung der Vormundschaft mit der Wirkung, daß er ohne seine Zustimmung nicht übergangen werden darf (§ 1778 BGB.). Das Vormundschaftsgericht hat keine Befugnis einen anderen Vormund auszuwählen (§ 1779); sofortige Beschwerde nach § 20, 60 Abs. 1 Nr. 1 FGG. im Falle der Übergehung.

Die Bedeutung des Art. 1 besteht, wenn die Voraussetzungen für den Eintritt der Berufsvormundschaft gegeben sind, in der Suspension dieses Rechts der Berufenen. Neben die nach § 1776 BGB. berufenen Personen tritt noch der Gemeindebeamte, der wieder vor den berufenen Personen zum Vormunde bestellt werden kann, ohne daß diese aus ihrer Übergehung Rechte ableiten könnten. Vor der Bestellung des Gemeindebeamten braucht ihnen nicht Gehör gewährt zu werden, ob sie mit ihrer Übergehung einverstanden sind oder nicht, oder ob sie, falls sie schon bestellt waren, damit einverstanden sind, daß ihre Rechte infolge der Bestellung des Gemeindebeamten endigen (Art. 5). Da der Eintritt der Berufsvormundschaft in der Form des Art. 1 im Gegensatze zur gesetzlichen Vormundschaft mittels Beschwerde angefochten werden kann (vgl. Bem. h S. 37, ferner die Bem. auf S. 65), können die nach § 1776 BGB. berufenen Personen ihre Übergehung mittels sofortiger Beschwerde nach § 60 Nr. 1 FGG. formell anfechten. Ein sachlicher Erfolg wird ihr jedoch in der Regel zu versagen sein, es sei denn, daß ihre Beschwerde gleichzeitig darauf gestützt wird, daß die Voraussetzungen für den Eintritt der Berufsvormundschaft gar nicht vorgelegen haben. Endigen die Rechte der nach § 1776 BGB. berufenen Personen infolge der Bestellung des Gemeindebeamten nach Art. 5, so steht ihnen das Recht der sofortigen Beschwerde teils wegen ihrer Übergehung nach § 60 Nr. 1 FGG., teils aus § 60 Nr. 3 FGG. zu.

c) Art. 1 begründet kein Recht des Gemeindebeamten auf Bestellung als Vormund, der Gemeindebeamte ist nicht zum Vormunde berufen in dem Sinne wie die in § 1776 BGB. bezeichneten Personen.

Das Vormundschaftsgericht kann vielmehr den Gemeindebeamten zum Vormunde bestellen; es ist aber dazu nicht verpflichtet. Weder dem Beamten noch der Gemeinde entsteht daraus, daß das Vormundschaftsgericht einen anderen, als den Gemeindebeamten zum Vormunde bestellt, ein Recht zur Beschwerde. Denn es handelt sich hier um eine Frage des reinen, pflichtgemäßen Ermessens des Gerichtes. Dem Vormundschaftsgerichte kommt die Befugnis zu, zwischen den nach § 1776 BGB. berufenen Personen und dem Gemeindebeamten auszuwählen. Entscheidet sich das Vormundschaftsgericht für die Bestellung des Gemeindebeamten nicht, so ist es gehalten, die nach § 1776 BGB. zum Vormunde berufene Person zum Vormunde zu bestellen. Das Vormundschaftsgericht wird aber, wenn nicht besondere Umstände dies rechtfertigen, das Ansinnen des Beamten, zum Vormunde bestellt zu werden, nicht ablehnen dürfen, denn die Berufsvormundschaft, auch in der Form des Art. 1, ist eine gesetzliche Institution. (BayZfR. 1908 S. 154.)

d) Sind Personen, die nach § 1776 BGB. berufen wären, nicht vorhanden, so steht der Bestellung des Gemeindebeamten von vorneherein nichts im Wege. Ein Recht auf Bestellung in dem Sinne, daß er ohne seine Zustimmung nicht übergangen werden könnte, besteht auch in diesem Falle für den Gemeindebeamten nicht. Das Vormundschaftsgericht ist nur befugt, den Gemeindebeamten als Vormund auszuwählen.

e) Die Rechte der in § 1776 BGB. bezeichneten Personen auf das Amt des Vormundes dürfen nur dann unberücksichtigt bleiben, wenn der Gemeindebeamte die Vormundschaft als Berufsvormund übernehmen soll, wenn er also die in Art. 1 von ihm geforderten Voraussetzungen vollständig erfüllt. Soll ein Gemeindebeamter, was nicht ausgeschlossen ist, zum Vormunde für einen Minderjährigen bestellt werden, ohne daß die Voraussetzungen des Art. 1 vollständig gegeben sind, so steht keine Berufsvormundschaft in Frage, sondern eine gewöhnliche Einzelvormundschaft. Solchenfalls können die Personen, die ein Recht auf das Amt des Vormundes haben, ohne ihre Zustimmung nicht umgangen werden.

f) Endigt das Amt des Berufsvormundes vor dem Wegfallen der Bevormundungsbedürftigkeit des Minderjährigen, stellt die Gemeinde z. B. gemäß Art. 7 Antrag auf Entlassung ihres Beamten, dann leben die durch den Eintritt der Berufsvormundschaft suspendiert gewesenen Rechte der in erster Linie zu Vormündern berufenen Personen wieder auf. Diese sind vor anderen Personen zum Vormunde zu bestellen, falls nicht etwa der Gemeindebeamte einer anderen Gemeinde wieder vor ihnen zum Berufsvormunde bestellt werden kann.

4. a) Während nach Art. 136 EGzBGB. ein Beamter schlechthin, also auch ein staatlich angestellter Beamter, alle oder einzelne Rechte und Pflichten eines Vormundes haben kann, kommen nach Art. 1 nur Beamte einer G e m e i n d e in Frage.

Unter „Beamten einer Gemeinde" sind nach dem Sprachgebrauche der bayerischen Gesetzgebung nicht nur Beamte einer politischen Gemeinde im engeren Sinne, sondern auch Beamte eines weiteren Kommunalverbandes, insbesondere der Distrikts- und der Kreisgemeinden zu verstehen.

Die Anwendbarkeit der Art. 1 und Art. 2 auf die Kreis- und Distriktsgemeinden wird indessen praktisch wohl entfallen. Denn bei den von Kreis wegen untergebrachten Kindern wird nur die Unterbringung in einer unter staatlicher Verwaltung und Aufsicht stehenden Kreisanstalt in Frage kommen. Entsprechende Anstalten der Kreise bestehen aber nur wenige. Gegenüber den darin untergebrachten Kindern wird wohl die Anstaltsvormundschaft einzutreten haben. Übrigens können Kreisgemeinden wohl nicht in Frage kommen, weil sie keine eigenen Beamten haben. (BayZfR. 1908 S. 154.)

Anders liegt die Sache bei den Distriktsgemeinden, die nach Art. 38 Ziff. 4 des Gesetzes über die öffentliche Armen- und Krankenpflege in der Fassung der Bekanntmachung des Kgl. Staatsministeriums des Innern vom 30. Juli 1899 und der Kgl. Deklaration vom 10. Mai 1902, betr. die Abänderung des Gesetzes über die öffentliche Armen- und Krankenpflege, zur Erziehung armer, verwahrloster Kinder und zur Errichtung von Distriktsarmenhäusern und zur Erbauung von Anstalten für verwahrloste Kinder verpflichtet sind. Wo aber solche Anstalten bestehen, erfolgen die Einweisungen nicht auf Anordnung des Distriktsrates oder des Distriktsausschusses, sondern der einzelnen Gemeinden oder der Distriktsverwaltungsbehörde. Es könnte also nur höchst selten vorkommen, daß ein Beamter des Distrikts die Anstalt oder die Familie auswählt, in der ein Minderjähriger erzogen oder verpflegt wird. Die Übernahme der Vormundschaft durch den Bezirksamtmann kann nicht in Frage kommen, weil dieser kein Distriktsbeamter ist.

In den unmittelbaren Städten fallen ohnehin die Distriktsverwaltungsbehörden mit den Gemeindebehörden zusammen, auch in München wird diese Übereinstimmung für das Gebiet der Zwangserziehung durch den Art. 8 dieses Gesetzes hergestellt.

b) Der allgemeine Begriff des Beamten bestimmt sich nach dem öffentlichen Rechte der einzelnen Bundesstaaten. Art. 77 EGzBGB.

Unter einem Gemeindebeamten sind nach bayerischem Rechte zu verstehen, alle einer Gemeinde gegenüber in einem öffentlichen Dienstverhältnisse stehenden Personen, wobei das öffentliche Dienstverhältnis entweder auf gesetzlicher Verpflichtung, oder auf vertragsmäßiger Verpflichtung beruhen kann. Für den Begriff fällt es nicht in das Gewicht, ob das Dienstverhältnis auf längere oder kürzere Dauer begründet ist, ob die öffentliche Dienstleistung berufsmäßig ausgeübt wird oder nicht, ob sie gegen oder ohne Entgelt erfolgt, ob sie auf höhere oder niedere Dienste, auf Ausübung einer Amtsgewalt oder auf Wahrnehmung sonstiger Geschäfte sich bezieht. Oertmann S. 256 ff., Seydel II S. 189, Kahr II S. 56.

Speziell die Beamten der Ortsgemeinde leisten ihre Dienste teils im Ehrenamte, das entweder zufolge gesetzlicher Verpflichtung oder zufolge freiwilligen Übereinkommens von ihnen versehen wird, teils berufsmäßig, kraft eines Dienstvertrages zwischen ihnen und der Gemeinde.

Eine Person, auf die die vorangegebenen Voraussetzungen nicht zutreffen, kann vom Vormundschaftsgerichte zum Berufsvormunde nicht bestellt werden.

c) Auch eine Frau, die zu einer Gemeinde in einem öffentlichen Dienstverhältnisse steht und die Voraussetzungen für die Beamteneigenschaft erfüllt, kann nach Art. 1 zum Vormunde bestellt werden, z. B. eine in Gemeindediensten stehende Vorsteherin eines Waisenhauses. Die Zulässigkeit der Bestellung einer Frau zum Berufsvormunde ist bei den Kammerverhandlungen wiederholt ausdrücklich betont worden; vgl. Stenogr. Bericht der Kammer der Abgeordneten Bd. 3 Nr. 75 S. 63.

d) Nicht jeder Beamte einer Gemeinde kommt indessen für die Übernahme der Berufsvormundschaft in Frage. Neben der Beamteneigenschaft muß als weiteres Erfordernis hinzutreten, daß es zu den amtlichen Obliegenheiten des Beamten gehört, Minderjährige zu beaufsichtigen, die in einer von ihm ausgewählten Anstalt oder Familie erzogen oder verpflegt werden. Nur wenn diese Voraussetzungen in der Person des Gemeindebeamten vollständig gegeben sind, liegt eine Berufsvormundschaft vor, andernfalls stünde nur eine gewöhnliche Einzelvormundschaft in Frage. Zum Vormunde kann jeweils immer nur der Beamte bestellt werden, der den Minderjährigen speziell beaufsichtigt, nicht ein anderer Beamter, mag er auch sonst die Voraussetzungen des Art. 1 erfüllen. (BayZfR. 1908 S. 154.)

Darüber, welche Beamte als Berufsvormünder in Betracht kommen können, vgl. die Bem. auf S. 45 mit 47.

Es steht nichts im Wege, daß auch der Bürgermeister einer Gemeinde das Amt eines Berufsvormundes übernimmt (vgl. die Ortsstatuten für Cottbus S. 121, Remscheid S. 121), soferne ihm nur die amtliche Obliegenheit zukommt, Minderjährige, die in einer von ihm ausgewählten Familie oder Anstalt erzogen oder verpflegt werden, zu beaufsichtigen.

Der von der Gemeinde dem Vormundschaftsgerichte zur Verfügung gestellte Beamte kann auch der jeweilige Inhaber eines bestimmten Amts, z. B. Vorstand einer Anstalt, etwa eines Waisenhauses, sein. Diesfalls bleibt jedoch ein Wechsel in der amtlichen Besetzung der Stelle, im Gegensatze zu der Anstaltsvormundschaft und zur gesetzlichen Vormundschaft, nicht ohne Einfluß auf die Vormundschaft. Der Stellvertreter oder Nachfolger tritt nicht ohne weiteres in die Befugnisse und Obliegenheiten des bisherigen Berufsvormundes ein. Der satzungsmäßige Stellvertreter kann vielmehr die Übertragung dieser Rechte und Pflichten nur auf eine neue Bestellung seitens des Vormundschaftsgerichtes gründen; denn die aus einer Bestellung als Vormund abzuleitenden Rechte sind immer nur an die Person, nie an ein Amt geknüpft.

e) Nach dem Wortlaute des Art. 1 können als bestellter Berufsvormund immer nur Einzelpersonen in Frage kommen. Eine kollegiale Form der Berufsvormundschaft ist nach Art. 1 ausgeschlossen. (Anders bei der Anstaltsvormundschaft des Art. 100 AGzBGB.)

Für die Übernahme von Berufsvormundschaften können indessen in einem Gemeindebezirke selbstverständlich auch mehrere Gemeindebeamte in Frage kommen. Von ihnen kann jedoch immer nur der Beamte zum Vormunde für einen Minderjährigen bestellt werden, dem die Pflicht zur Beaufsichtigung dieses Minderjährigen obliegt. Die mehreren Beamten führen in Ansehung der ihnen unterstehenden Minderjährigen ihr Amt vollkommen unabhängig voneinander. Der Art. 1 schließt jedoch nicht aus, daß zwei Beamte, die beide den Voraussetzungen des Art. 1 bezüglich desselben Minderjährigen genügen, zu Mitvormündern, sei es mit geteiltem oder ungeteiltem Wirkungskreise, bestellt werden. Abgesehen jedoch davon, daß die erwähnte Voraussetzung nur selten zutreffen wird, empfiehlt sich die Bestellung von Mitvormündern nicht wegen der aus einer Mitbevormundung sich ergebenden größeren Schwerfälligkeit des Apparates.

f) Als Beamter ist der Berufsvormund seiner vorgesetzten Behörde rechtlich und disziplinär verantwortlich; denn kraft seiner Stellung als Beamter ist er Vormund, nicht als Privatperson. Über die Stellung des Gemeindebeamten zur Gemeinde vgl. Bem. IV S. 93.

5. Ein Gemeindebeamter kann auch zum Pfleger bestellt werden. Denn die Vorschriften des Art. 136 EGzBGB. sind auch auf die Pflegschaft anwendbar. Vgl. § 1915 BGB.

Für das gegenwärtige Gesetz können nur Pflegschaften nach § 1909 BGB. in Frage kommen; für die nach § 1909 BGB. angeordnete Pflegschaft gelten aber nach § 1916 die Vorschriften des BGB. über die Berufung zur Vormundschaft, insbesondere die des § 1776, nicht.

Ein Gemeindebeamter kann deshalb auch ohne die Vorschrift in Art. 1 zum Pfleger bestellt werden, und zwar vor den in § 1776 BGB. genannten Personen.

Über die rechtliche Stellung des Pflegers vgl. § 1698, 1909, 1915 BGB.

Die Vorschrift des § 1793 BGB. über den Wirkungskreis des Vormundes im allgemeinen, findet auf den Pfleger selbstverständlich nur in Ansehung des ihm zugewiesenen Wirkungskreises Anwendung. Außerhalb dieses hat der Pfleger kein Recht, den Pflegebefohlenen zu vertreten. Nur in dem ihm zugewiesenen Wirkungskreis ist der Pfleger gesetzlicher Vertreter des Minderjährigen.

Auch für die Pflegschaft gilt je nach der Art des vorzunehmenden Rechtsgeschäftes das Erfordernis der vormundschaftsgerichtlichen Genehmigung.

Über die Fälle, in denen eine Pflegschaft einzuleiten ist, vgl. die Bem. β S. 35.

6. a) Die Bestellung eines Gemeindebeamten zum Berufsvormunde für einen seiner Aufsicht unterstehenden Minderjährigen vor den nach § 1776 BGB. als Vormünder berufenen Personen, setzt voraus, daß in der Person des Gemeindebeamten die Voraussetzungen des Art. 1 gegenüber einem bestimmten Minderjährigen vollständig gegeben sind. Das Vorliegen dieser Voraussetzungen hat das Vormundschaftsgericht in jedem einzelnen Falle nachzuprüfen.

Sind Personen, die ein Recht haben, zu Vormündern bestellt zu werden, nicht vorhanden, so kann der Gemeindebeamte zum Berufsvormunde für einen Minderjährigen ebenfalls nur unter der Voraussetzung bestellt werden, daß in der Person des Gemeindebeamten gegenüber einem bestimmten Minderjährigen die Erfordernisse des Art. 1 vollständig gegeben sind. Ein Gemeindebeamter, mag er auch sonst die Führung von Vormundschaften beruflich ausüben, kann selbstverständlich auch zum Vormunde für einen nicht unter die Berufsvormundschaft fallenden Mündel bestellt werden. Solchenfalls führt aber der Beamte die Vormundschaft nicht in seiner Eigenschaft als Beamter, sondern als Privatperson. Die in Art. 6 gewährleisteten Befreiungen stehen ihm dann nicht zu. Der Beamte hat dann die gleiche Stellung, wie ein ehrenamtlicher Einzelvormund. Eine Berufsvormundschaft steht dann nicht in Frage. Der Gemeindebeamte hat solchenfalls auch die in § 1784 BGB. vorgeschriebene Erlaubnis der vorgesetzten Behörde nachzuweisen.

Mit Rücksicht hierauf, insbesondere mit Rücksicht darauf, daß nur dem Berufsvormunde die im Art. 6 erwähnte befreite

Stellung zukommt, hat das Vormundschaftsgericht vor jeder Bestellung des Gemeindebeamten zum Vormunde nachzuprüfen, ob der Gemeindebeamte bezüglich eines bestimmten Minderjährigen die Voraussetzungen des Art. 1 vollständig erfüllt.

Erfolgte die Bestellung des Gemeindebeamten in der irrtümlichen Annahme, daß die Voraussetzungen des Art. 1 gegeben sind, so hat dies auf die Gültigkeit der Bestellung an sich einen Einfluß nicht; eine Berufsvormundschaft liegt aber dann nicht vor. Die Gemeinde kann Anlaß nehmen, Antrag nach Art. 7 zu stellen. Das Gericht kann auch den Antrag des Beamten auf Entlassung nach § 1889 BGB. berücksichtigen.

b) Weitere Voraussetzung der Bestellung ist, daß die Gemeinde sich entschlossen hat, einen oder mehrere ihrer Beamten den Vormundschaftsgerichten zur Übernahme von Vormundschaften zur Verfügung zu stellen. Die Gemeinden sind dazu nicht verpflichtet. Vgl. die Vorbemerkung vor Art. 1 u. 2.

α) Gegen den Willen der Gemeinde oder des Gemeindebeamten kann das Vormundschaftsgericht diesen nicht zum Berufsvormunde bestellen, auch wenn in der Person des Beamten die Voraussetzungen des Art. 1 für seine Bestellung gegeben sind und auch wenn der Gemeindebeamte für andere Mündel schon früher zum Berufsvormunde bestellt worden sein sollte. Die Ausübung des Ordnungsstrafrechtes, um den Beamten zur Übernahme der Vormundschaft anzuhalten, ist ausgeschlossen (§ 1784 BGB. Art. 7). Selbst wenn die Gemeinde das Institut der Berufsvormundschaft in der Form des Art. 1 eingeführt hat, kann sie sich jederzeit dahin entschließen, die Übernahme weiterer Berufsvormundschaften durch die in Betracht kommenden Beamten abzulehnen. Dies ist namentlich dann von Bedeutung, wenn die zur Führung der Berufsvormundschaften nach Art. 1 geeigneten Beamten mit der Führung vormundschaftlicher Geschäfte schon überlastet sind.

Eine Gemeinde kann die in Betracht kommenden Beamten anweisen, sich für alle unter die Berufsvormundschaft fallenden Schützlinge (vgl. Bem. 7) zum Vormunde bestellen zu lassen; sie kann sich andererseits wie bei der gesetzlichen Vormundschaft auch darauf beschränken, ihre Beamten zur Übernahme von Vormundschaften nur für einzelne Kategorien dieser Schützlinge, z. B. nur für Kostkinder oder nur für Zwangserziehungszöglinge zur Verfügung zu stellen. Sie kann sich ferner für jeden einzelnen Fall, in dem eine Berufsvormundschaft zulässig ist, die Beschlußfassung vorbehalten, ob der in Betracht kommende Beamte zum Vormunde bestellt werden soll. Nimmt die Gemeinde z. B. einen im Wege der Armenpflege untergebrachten Minderjährigen in Berufsvormundschaft, so ist sie damit noch nicht gehalten, alle Angehörigen dieser Kategorie von Schützlingen auch in Berufsvormundschaft zu nehmen. Die Gemeinden sind danach im Falle des Art. 1 weniger gebunden, als wenn sie sich in einem erlassenen Statute dahin festgelegt haben, alle unter die Berufsvormundschaft fallenden Schützlinge oder einzelne Gruppen derselben der Berufsvormundschaft zu unterstellen.

Sache der Gemeinden, die sich zur Einführung der Berufsvormundschaft in der Form des Art. 1 entschlossen haben, wird es sein, an die in Betracht kommenden Beamten Dienstesanweisungen zu erlassen, wie sie sich bei Fällen, in denen eine Berufsvormundschaft zulässig ist, zu verhalten haben, ob sie sich unmittelbar an das Vormundschaftsgericht mit dem Ansinnen um Bestellung als Vormund zu wenden, oder ob sie vorerst der Gemeinde zu berichten und deren Entschließung abzuwarten haben. Mangels einer Dienstanweisung ist die Einholung der Erlaubnis der Gemeinde schon um deswillen notwendig, weil sich für die Gemeinde unter Umständen eine Haftung aus der Führung der Vormundschaft durch ihren Beamten ergeben kann. Vgl. Bem. VII S. 100.

β) Der Beamte, in dessen Person die Voraussetzungen des Art. 1 zur Übernahme der Berufsvormundschaft für einen bestimmten Minderjährigen gegeben sind, hat von Fall zu Fall (vgl. Bem. α) bei dem Vormundschaftsgerichte mit dem Ansinnen hervorzutreten, daß er als Vormund bestellt werden wolle; denn der Kenntnis des Vormundschaftsgerichts entzieht es sich meistenteils, wann die Voraussetzungen für eine Berufsvormundschaft eingetreten sind. Es ist jedoch nicht ausgeschlossen, daß das Vormundschaftsgericht, wenn es in einem einzelnen Falle davon Kenntnis erhält, daß die Voraussetzungen des Art. 1 bezüglich eines Minderjährigen gegeben sind, dem betreffenden Beamten eine Anregung gibt, sich als Vormund bestellen zu lassen.

Der Beamte, der zum Berufsvormunde bestellt werden will, hat dem Vormundschaftsgerichte nicht nachzuweisen, daß er seitens der Gemeinde die in § 1784 BGB. vorgeschriebene Erlaubnis zur Übernahme der Vormundschaft erhalten hat. Die Erteilung der Erlaubnis darf vermutet werden, wenn der Beamte mit dem Ansinnen hervortritt, zum Berufsvormunde bestellt zu werden, weil angenommen werden darf, daß der Beamte entweder auf Grund einer allgemeinen Dienstanweisung oder auf Grund einer speziell erteilten Erlaubnis handelt. Sache des Beamten aber wird es sein, sich vor seiner Bestellung zum Vormunde darüber zu vergewissern, ob ihm die Gemeinde die Erlaubnis zur Übernahme der Vormundschaft erteilen will.

Wurde der Gemeindebeamte zum Vormunde bestellt, ohne daß die Gemeinde ihm dazu die Erlaubnis erteilt hatte, so tut dies der Wirksamkeit der Bestellung einen Eintrag nicht. Die Gemeinde kann die Bestellung dadurch rückgängig machen, daß sie gemäß Art. 7 Antrag auf Entlassung ihres Beamten stellt.

γ) Die Gemeinde kann von dem Institute der Berufsvormundschaft jederzeit wieder abgehen. Hat sie sich hiezu entschlossen, so bietet ihr der Art. 7 die Handhabe zur Erreichung ihres Zieles, indem sie bei dem Vormundschaftsgerichte die Entlassung ihres Beamten, oder im Falle der Teilbevormundung die Entbindung von seinen Rechten und Pflichten beantragen kann.

Entschließt sich eine Gemeinde von der Berufsvormundschaft nach Art. 1 zur Einführung der gesetzlichen Vormundschaft nach Art. 2 überzugehen, so hat sie nach Art. 7 die Entlassung jener Beamten zu beantragen, die nach dem Statute nicht gesetzliche Vormünder sein sollen. Die Beamten, die vorher schon zu Vormündern bestellt waren und die nach dem Statute gesetzliche Vormünder werden sollen, bleiben im Amte, sie werden bei den Vormundschaftsgerichten künftig als gesetzliche Vormünder vorgetragen; ihre Bestallung haben sie dem Vormundschaftsgerichte zurückzugeben, weil sie als gesetzliche Vormünder eine Bestallung nicht benötigen; ihr Amt erleidet eine Unterbrechung nicht. Soll sich nach dem Statute die gesetzliche Vormundschaft nicht auf alle Minderjährigen erstrecken, auf die sie an sich zulässig ist, so kann die Gemeinde in Ansehung der nicht unter die gesetzliche Vormundschaft fallenden Minderjährigen die Fortdauer der Berufsvormundschaft, die vorher schon auf Grund des Art. 1 bestand, beschließen. Ein solcher Entschluß darf insolange vermutet werden, als nicht die Entlassung der nach Art. 1 bisher bestellt gewesenen Beamten nach Art. 7 ausdrücklich beantragt wird.

Auch neben der gesetzlichen Vormundschaft nach Art. 2 ist eine Berufsvormundschaft in der Form des Art. 1 denkbar, vgl. Vorbemerkung 2 vor Art. 1

c) Materielle Voraussetzung für die Bestellung ist, daß nach den allgemeinen Vorschriften der §§ 1773, 1909 BGB. die Voraussetzungen für eine Bevormundung bzw. Pflegschaft überhaupt gegeben sind. Kinder, die unter elterlicher Gewalt stehen, können nur insoferne in Betracht kommen, als für sie eine Pflegschaft nach § 1909 BGB. angeordnet wird oder wenn und soweit die Voraussetzungen vorliegen, unter denen trotz des Bestehens der elterlichen Gewalt ein Vormund bestellt werden kann.

Der Beamte kann die Rechte und Pflichten eines Vormundes auch nur insoweit erhalten, als sie einem Vormunde nach den allgemeinen Vorschriften des BGB. überhaupt zustehen. Dies gilt insbesondere für die der unehelichen Mutter nach § 1707 BGB. zustehende tatsächliche Fürsorge für ihr Kind. Dem Beamten kann die Stellung eines Vormundes nur unbeschadet des Rechts des Elternteiles eingeräumt werden. Vgl. auch die Bemerkung c S. 60, 61.

Der Vollständigkeit halber sollen hier die Fälle aufgezählt werden, in denen eine Vormundsbedürftigkeit oder die Notwendigkeit einer Pflegschaft gegeben ist.

α) Eine Vormundschaft ist über einen Minderjährigen nach § 1773 des BGB. anzuordnen:

1. Wenn er nicht unter elterlicher Gewalt steht;
2. wenn er zwar unter elterlicher Gewalt steht, die Eltern aber weder in den die Person, noch in den das Vermögen betreffenden Angelegenheiten zur Vertretung des Minderjährigen berechtigt sind;
3. wenn sein Familienstand nicht zu ermitteln ist.

Der Minderjährige steht nicht unter elterlicher Gewalt (§§ 1679, 1680, 1684, 1686, 1697, 1707 des BGB.):

a) Wenn die Eltern tot oder für tot erklärt sind;
b) wenn während der Ehe der Vater oder nach der Auflösung der Ehe sowohl der Vater als auch die Mutter die elterliche Gewalt verwirken;
c) wenn die Mutter, sofern die elterliche Gewalt ihr zusteht, sich wieder verheiratet;
d) wenn dem Inhaber der elterlichen Gewalt im Falle des § 1666 Abs. 2 des BGB. auch die Nutznießung entzogen worden ist;
e) wenn der Minderjährige ein uneheliches Kind (und auch nicht durch nachfolgende Ehe oder durch Ehelichkeitserklärung legitimiert) ist. Wird die Ehelichkeit eines Kindes vermutet, weil es während der Ehe oder innerhalb 302 Tagen nach Auflösung der Ehe geboren ist (§ 1591 BGB.), bestehen aber ernste Zweifel über die Ehelichkeit, so ist ein Fall der Bevormundungsbedürftigkeit gegeben (RJA. Bd. 4 S. 80). Selbstverständlich gilt dies nur, wenn die Unehelichkeit nach § 1593 BGB. geltend gemacht werden darf, d. h. hier, wenn der Mann gestorben ist, ohne das Anfechtungsrecht verloren zu haben. Planck zu § 1773 BGB.;
f) wenn die Ehe der Eltern nichtig ist, soferne beide Eltern die Nichtigkeit kannten und die Ehe für nichtig erklärt oder aufgelöst ist oder wenn die formell nichtige Ehe nicht in das Heiratsregister eingetragen worden ist (§§ 1699 ff.);
g) wenn das durch die Annahme an Kindes Statt begründete Rechtsverhältnis zwischen dem Annehmenden und dem Kinde wieder aufgehoben worden ist, gleichgültig, ob die leiblichen Eltern noch leben oder nicht (§§ 1765, 1768 BGB.).

Den Eltern fehlt die Berechtigung zur Vertretung des Kindes sowohl in den die Person als auch in den das Vermögen betreffenden Angelegenheiten (§§ 1666, 1685 BGB.):

a) wenn die Gewalt des Vaters ruht und die Mutter

tot oder die Ehe aufgelöst, die Gewalt aber der Mutter nicht übertragen ist;

b) wenn die Gewalt der Mutter ruht;

c) wenn im Falle des § 1666 Abs. 2 BGB. die Nutznießung nicht entzogen ist.

β) Eine Pflegschaft ist anzuordnen, wenn dem Inhaber der elterlichen Gewalt die Vertretung nur in den die Person oder nur in den das Vermögen betreffenden Angelegenheiten, sei es in allen oder in einzelnen (§§ 1630 Abs. 2, 1638, 1647, 1665, 1666 Abs. 1, 1670, 1761 BGB.), nicht zukommt (§ 1909 BGB.). § 1 der Vormundschaftsordnung. Planck zu § 1773 BGB.

d) Die Bestellung eines Gemeindebeamten zum Berufsvormunde wird dadurch nicht ausgeschlossen, daß

α) schon vorher ein Vormund bestellt war, mag dieser nun zu den nach § 1776 BGB. berufenen Personen gehören oder nicht; dessen Rechte und Pflichten endigen kraft gesetzlicher Bestimmung, soweit der Gemeindebeamte Rechte und Pflichten eines Vormundes erhält, mit der Bestellung des Berufsvormundes, ohne daß es der Entlassung des bisherigen Vormundes bedarf (Art. 5);

β) etwa der Vater oder die Mutter eines Minderjährigen den Eintritt der Berufsvormundschaft durch letztwillige Verfügung ausgeschlossen hätten. Eine solche Ausschließung käme gegenüber dem Verlangen einer Gemeinde, daß einer ihrer Beamten zum Berufsvormunde bestellt wird, nicht in Betracht. Das Vormundschaftsgericht kann freilich solchenfalls von seiner Befugnis, einen anderen Vormund als den Gemeindebeamten zu bestellen, Gebrauch machen.

e) Der nach Art. 1 zum Vormunde bestellte Gemeindebeamte leitet seine Befugnisse aus der von dem Vormundschaftsrichter vorgenommenen Bestellung ab, er hat sie nicht kraft Gesetzes, weil es sich im Art. 1 nicht um eine gesetzliche Vormundschaft, sondern um eine bestellte handelt.

Daraus ergibt sich, daß der Gemeindebeamte von dem Vormundschaftsrichter durch Handschlag an Eides Statt zur treuen und gewissenhaften Führung des Amtes zu verpflichten ist (§ 1789 BGB.). Der Vormund erhält eine Bestallung (§ 1791 BGB.).

Für die Bestellung gelten die Vorschriften in §§ 6 und 7 der VormO. Insbesondere ist im Hinblick auf den Schlußsatz des Art. 1 bei der Verpflichtung des Gemeindebeamten festzustellen, ob eine Beschränkung seiner Vertretungsbefugnis Platz greifen soll. Ist eine Beschränkung nicht getroffen worden, so ist Vollbevormundung anzunehmen. Der Gemeindebeamte ist Vormund vom Zeitpunkte seiner Bestellung ab.

Die durch den § 5 der VormO. vorgeschriebene Anhörung des Gemeindewaisenrats darf vor der Bestellung des Berufsvormundes als untunlich unterlassen werden. Vgl. Planck zu § 1779, ZBlFG. II S. 897.

f) Die rechtliche Stellung des nach Art. 1 bestellten Vormundes unterscheidet sich in nichts von der des bestellten ehrenamtlichen Vormundes, abgesehen davon, daß er kraft Gesetzes in gewissem Umfang ohne weiteres befreiter Vormund ist (Art. 6) und daß sein Amt öffentlichrechtlichen Charakter hat. Denn die Vormundschaft steht ihm zu in seiner Eigenschaft als Beamter kraft und für die Dauer seines Amtes; sie bildet einen Teil seiner Amtspflichten und erscheint als Ausübung der ihm in seiner amtlichen Eigenschaft anvertrauten öffentlichen Gewalt. Über die hieraus sich ergebenden Konsequenzen vgl. Bem. 2 S. 96; Bem. 3 S. 99.

Über seine rechtliche Stellung im einzelnen, insbesondere zum Gemeindewaisenrat und zur Dienstaufsichtsbehörde vgl. Bem. III S. 92 und IV S. 93.

Die rechtliche Stellung des nach Art. 1 zum Vormunde bestellten Gemeindebeamten ist in einzelnen Beziehungen von der des nach Art. 2 berufenen gesetzlichen Vormundes verschieden:

α) Während die durch Ortsstatut zu gesetzlichen Vormündern bestimmten Personen Vormünder auch dann sind, wenn sie einem anderen Bekenntnis angehören als die Minderjährigen, ist bei der Bestellung eines Gemeindebeamten zum Vormunde nach Art. 1 auf das Erfordernis der Gleichheit des religiösen Bekenntnisses Rücksicht zu nehmen (§ 1779 Abs. 2 Satz 2 BGB.). A. A. BayZfR. 1908 S. 154.

β) Dem Vormundschaftsgericht steht die Befugnis, einen anderen Vormund zu bestellen (Art. 2 Abs. 4), nur gegenüber dem gesetzlichen, nicht gegenüber dem nach Art. 1 bestellten Berufsvormunde zu. Diese Befugnis ist dem Gerichte nur in Ansehung der vom gesetzlichen Vormunde handelnden Nr. 1 des Art. 136 EGzBGB. und demententsprechend auch nur bei Art. 2 dieses Gesetzes gewahrt. Die Bestellung eines anderen Vormundes kann demnach nur dann erfolgen, wenn einer der Gründe der §§ 1885 mit 1889 BGB. vorliegt, die die Enthebung des bisherigen Vormundes von seinem Amte rechtfertigen.

γ) Der nach Art. 1 zum Berufsvormunde bestellte Gemeindebeamte kann nach Maßgabe der Bestimmungen in § 1886 BGB. entlassen werden, während eine Entlassung des gesetzlichen Vormundes (Art. 2), abgesehen vom Falle des Art. 7, überhaupt ausgeschlossen ist.

g) Die Wirkung der Bestellung des Gemeindebeamten zum Vormund besteht in der Endigung der Rechte und Pflichten des bisherigen, und zwar auch des nach § 1776 BGB. berufen gewesenen Vormundes. Seiner Entlassung bedarf es nicht. Das Vormundschaftsgericht hat ihn jedoch von der Endigung seines Amtes in Kenntnis zu setzen und ihn zur Rechenschaftsablage aufzufordern (§ 27 VormO.). Vgl. die Bemerkungen zu Art. 5. Über die Frage, ob und inwieweit auch das Amt des Gegenvormundes endigt vgl. insbesondere Bem. b S. 107.

h) Während bei der gesetzlichen Vormundschaft (Art. 2) der Eintritt dieser Vormundschaft mittels Beschwerde nicht angefochten werden kann (vgl. die Bem. auf S. 65), steht gegen die Bestellung des Gemeindebeamten zum Berufsvormunde die Beschwerde jedem zu, der an der Wahrnehmung einer die Sorge für die Person eines Kindes betreffenden Angelegenheit ein berechtigtes Interesse hat § 57 Nr. 9 FGG. Die Auswahl des Vormundes ist eine die Person des Minderjährigen betreffende Angelegenheit (ZBlFG. 2 S. 208, 4 S. 95, 7 S. 727; RJA. 2 S. 113; Recht 1901 S. 432, 1906 S. 1204; OLGRspr. 7 S. 205, 339; ObLG. 6 S. 84, 89; BayZfR. 1 S. 155; Dernburg Bd. 4 § 110. Die Frage ist indessen bestritten; vgl. Staudinger Bd. 4 S. 1007 Bem. 2; ZBlFG. 3 S. 123.

Die Beschwerde kann sich sowohl gegen die Bestellung des Gemeindebeamten zum Vormunde richten, als auch darauf gründen, daß der Beschwerdeführer die Voraussetzungen für den Eintritt der Berufsvormundschaft für nicht gegeben erachtet. Ein nicht nach § 1776 BGB. Berufener, mag er nun ein Verwandter oder Verschwägerter des Mündels sein, kann die Beschwerde nicht darauf gründen, daß er zum Vormunde zu bestellen sei, weil er ein Recht auf Bestellung zum Vormunde nicht hat. Ist die Beschwerde sachlich begründet, so ist die Bestellung des Vormundes nicht mit rückwirkender Kraft aufzuheben. Der Vormund ist vielmehr zu entlassen nach § 1886 BGB. Planck zu § 1779; a. M. Staudinger zu § 1779.

Die Beschwerde gegen die Bestellung des Gemeindebeamten zum Vormunde steht insbesondere dem bisherigen Vormunde zu, sei es nun, daß dieser ein gewöhnlicher oder ein nach § 1776 BGB. berufen gewesener Vormund ist. Diese Beschwerde ist analog dem § 60 Nr. 3 FGG. die sofortige Beschwerde.

i) Die Dauer der Berufsvormundschaft.

α) Die Berufsvormundschaft dauert gleich der Einzelvormundschaft grundsätzlich bis zum Wegfalle der Bevormundungsbedürftigkeit (Tod des Mündels, Todeserklärung, Volljährigkeit, Volljährigkeitserklärung, Eintritt in eine elterliche Gewalt; bei der Legitimation durch nachfolgende Ehe: Rechtskraft des Urteils, das die Vaterschaft zu dem Mündel feststellt — nicht schon die Tatsache der Eheschließung — oder Aufhebung der Vormundschaft durch das Vormundschaftsgericht, § 1883 BGB.).

Der Berufsvormundschaft kann jedoch schon ein vorzeitiges Ende dadurch bereitet werden, daß die Gemeinde nach Art. 7 bei dem Vormundschaftsgericht den Antrag stellt, daß ihr Beamter aus seinem Amte entlassen, oder im Falle der Teilbevormundung von seinen Rechten und Pflichten entbunden wird, sei es nun, daß die Gemeinde von dem Institute der Berufsvormundschaft überhaupt abgehen will, oder daß die Berufsvormundschaft nur in einem einzelnen Falle endigen soll.

Dagegen kann das Vormundschaftsgericht nicht wie

bei der gesetzlichen Vormundschaft die Beendigung der Berufsvormundschaft durch die Bestellung eines anderen Vormundes (Art. 2 Abs. 4; vgl. auch die Bem. β S. 36) herbeiführen.

β) Zweifelhaft erscheint die Frage, ob das Amt des nach Art. 1 zum Berufsvormunde bestellten Gemeindebeamten durch den Eintritt der gesetzlichen Vormundschaft des Beamten einer anderen Gemeinde endigt. Beispiel: Ein Kind, für das bisher der Beamte einer Gemeinde zum Vormunde bestellt war, verlegt seinen Aufenthalt in den Bezirk einer Gemeinde, die die Einführung der gesetzlichen Vormundschaft durch Statut geregelt hat (Art. 2), und fällt dort unter die gesetzliche Vormundschaft. Die Verlegung des Aufenthaltsorts des Minderjährigen nach auswärts begründet für sich allein noch nicht die Beendigung der vormundschaftlichen Befugnisse des Gemeindebeamten (vgl. Bem. g S. 50). Es liegt nahe anzunehmen, daß der Eintritt der gesetzlichen Vormundschaft auf das Amt des bestellten Berufsvormundes endigend wirkt, geradeso wie auf das Amt des bestellten Einzelvormundes (Art. 5). Denn auch der nach dem Art. 1 bestellte Berufsvormund leitet seine Befugnisse aus der von dem Vormundschaftsgerichte vorgenommenen Bestellung ab, und eine Bestellung verleiht nicht größere Rechte als die andere. Auch der Art. 1 gibt dem bestellten Berufsvormund gegenüber dem Einzelvormunde keine mächtigere Stellung. Hieraus würde an sich folgen, daß der nach dem Art. 1 bestellte Berufsvormund einem später eintretenden gesetzlichen Vormund zu weichen hätte. Dem gegenüber kommt jedoch in Betracht: Wäre die aus der Bestellung eines Gemeindebeamten zum Berufsvormunde sich ergebende Stellung nicht eine bedeutsamere als die Stellung des Einzelvormundes, so wäre es schwer einzusehen, weshalb die Bestellung eines Beamten zum Berufsvormunde das Amt des bestellten Einzelvormundes zur Beendigung bringen sollte (Art. 5). Das Gesetz legt also selbst der Bestellung eines Gemeindebeamten zum Berufsvormund eine erhöhte Bedeutung bei. Die Annahme, daß der bestellte Gemeindebeamte gegenüber dem gesetzlichen Berufsvormund ein Vormund zweiter Ordnung sein solle, findet weder im Art. 136 EGzBGB. noch in diesem Gesetz eine Stütze. Einem diesbezüglichen Willen hätte das Gesetz zweifelsohne Ausdruck verleihen müssen. Aus dem Schweigen des Gesetzes folgt die völlige Gleichstellung des bestellten Berufsvormundes mit dem gesetzlichen Berufsvormunde. Für die Gleichberechtigung der Stellung spricht auch der Umstand, daß sowohl das Amt des bestellten wie des gesetzlichen Vormundes öffentlich-rechtlichen Charakter hat und daß die Führung der Ämter in beiden Fällen in Ausübung einer dem Vormunde kraft seiner amtlichen Stellung anvertrauten öffentlichen Gewalt erfolgt. Die Tätigkeit des einen Beamten kann die des ihm gleichgestellten Beamten unmöglich ausschalten. Der Eintritt einer gesetzlichen Vormundschaft schließt danach den bestellten Berufsvormund nicht aus. Die gesetzliche Vormundschaft greift gegenüber einem nach Art. 1 bestellten Berufsvormunde nicht ein.

Daß das Amt eines bestellten Berufsvormundes durch die Bestellung eines Beamten einer anderen Gemeinde zum Berufsvormunde nicht beendet wird, ergibt sich aus den vorerwähnten Gründen von selbst.

Wegen des Übergangs von der Berufsvormundschaft nach Art. 1 zu der gesetzlichen Vormundschaft nach Art. 2 und wegen der dadurch möglicherweise bedingten Beendigung des Amts vgl. die Vorbem. vor Art. 1 und die Bem. γ S. 33. Wegen des Übergangs von der gesetzlichen Vormundschaft nach Art. 2 zu der Berufsvormundschaft nach Art. 1 und wegen der dadurch herbeigeführten Beendigung des Amts vgl. die Bem. β Nr. 4 S. 69.

k) Was die Dauer des Amts des Berufsvormundes betrifft, so gelten die allgemeinen Grundsätze des Vormundschaftsrechts.

Nach dem BGB. endigt das Amt des Vormundes, abgesehen von dem Falle des Todes

α) kraft gesetzlicher Bestimmung § 1885 BGB.

1. mit der Entmündigung, gleichviel ob sie wegen Geisteskrankheit, Geistesschwäche, Trunksucht oder Verschwendung erfolgt und zwar mit dem Zeitpunkt, in welchem die Entmündigung wirksam wird (§§ 661, 683 Abs. 2 ZPO.). Wird die Entmündigung durch Beschluß wieder aufgehoben (§§ 675, 685 ZPO.), oder wird sie auf Anfechtungsklage aufgehoben (§§ 664, 684 ZPO.), so tritt der einmal Entmündigte nicht von selbst wieder in das Amt des Vormundes ein. Sein Amt bleibt beendigt; er hat auch keinen Anspruch auf neuerliche Bestellung.

2. mit der Erlassung des die Todeserklärung des Vormundes aussprechenden Urteils (nicht mit dem im Ausschlußurteil als Todeszeit festgesetzten Zeitpunkt). Der zurückkehrende Vormund tritt nicht von selbst wieder in das Amt ein. Neue Bestellung wäre erforderlich. Wird auf Anfechtungsklage (§§ 957 Abs. 2, 973 ZPO.) die Todeserklärung aufgehoben, so ist für die Beendigung des Amts, wenn der Vormund schon vor der Todeserklärung gestorben ist, seine wirkliche Todeszeit maßgebend. Hat der Vormund die Todeserklärung überlebt, so bleibt sein Amt beendet. Bloße Verschollenheit führt die Beendigung des Amts nicht herbei.

β) infolge Entlassung. Zu unterscheiden ist:

1. fakultative Entlassung §§ 1887 ff. BGB.

2. obligatorische Entlassung. Diese erfolgt nach § 1886

BGB., wenn die Fortführung des Amts, insbesondere wegen pflichtwidrigen Verhaltens des Vormundes das Interesse des Mündels gefährden würde (über Gefährdung des Mündelinteresses vgl. OLGRspr. Bd. 8 S. 361; Konflikt zwischen Vormund und Vormundschaftsgericht ZBlFG. 1 S. 770; Mißhelligkeiten zwischen Vormund und den Angehörigen des Mündels, Recht 1904 S. 140), oder wenn in der Person des Vormundes einer der im § 1781 BGB. bestimmten Gründe vorliegt (Stellung unter vorläufige Vormundschaft, Bestellung eines Pflegers zur Besorgung der Vermögensangelegenheiten, Konkurseröffnung, Verlust der bürgerlichen Ehrenrechte, soweit sich nicht aus den Vorschriften des Strafgesetzbuches ein Anderes ergibt). Zu der zweiten Gruppe von Entlassungsgründen gehören insbesondere: die bloße Verschollenheit des Vormundes und der nicht auf Entmündigung beruhende Verlust der Geschäftsfähigkeit.

Die beiden Endigungsgründe des BGB. gelten auch für die Berufsvormundschaft. Die Befugnis des Vormundschaftsgerichts zur Entlassung des Vormundes ist ein Ausfluß des Aufsichtsrechtes, das auch gegenüber dem bestellten Berufsvormunde Platz greift. (BayZfR. 1908 S. 155.)

Das gegenüber dem gesetzlichen Vormunde bestehende Verbot der Entlassung besteht gegenüber dem bestellten Berufsvormunde nicht. Dieser genießt, abgesehen vom Art. 6, im Verhältnis zum Einzelvormunde keinerlei privilegierte Stellung; das Vormundschaftsrecht des BGB. erfährt durch das Institut der Berufsvormundschaft keine weiteren Modifikationen, als sie in diesem Gesetz und in Art. 136 EGzBGB. vorgesehen sind. Andererseits greift die Befugnis des Vormundschaftsgerichtes, einen anderen Vormund zu bestellen (Art. 2 Abs. 4), nicht gegenüber dem bestellten Berufsvormunde ein.

Ein besonderer Entlassungsgrund besteht in dem Falle, daß der Gemeindebeamte in der irrtümlichen Annahme, es liegen die Voraussetzungen für die Berufsvormundschaft vor, zum Vormunde bestellt wurde. Dies gilt insbesondere dann, wenn in einem solchen Falle eine nach § 1776 BGB. berufene Person vorhanden war, die nunmehr ihr Recht, zum Vormunde bestellt zu werden, geltend macht. Die Bestellung des Gemeindebeamten ist solchenfalls nicht unwirksam. Abgesehen von der Möglichkeit der Entlassung kann die Gemeinde auch Antrag auf Entlassung ihres Beamten nach Art. 7 stellen.

Vor der Entlassung Anhörung des Vormundes und der Gemeinde.

Gegen die Entlassung sofortige Beschwerde, §§ 22, 60, Abs. 1 Nr. 3 FGG. Das Beschwerderecht der Gemeinde aus den gleichen gesetzlichen Bestimmungen wird wegen ihres berechtigten Interesses an der Vermeidung einer grundlosen Entlassung ihrer Beamten aus ihren amtlichen Befugnissen nicht zu bezweifeln sein. Der Berufsvormund wird als Teil des Beamtenkörpers der

Gemeinde nach außen durch die Gemeinde vertreten. Sie hat unabhängig von dem Beschwerderecht des Vormundes ein Recht zur Beschwerde in einer Angelegenheit, bei der es sich darum handelt, ob der Beamte seine amtlichen Befugnisse künftighin weiter soll ausüben können oder nicht. Der die Entlassung aussprechende Beschluß ist auch der Gemeinde zuzustellen wegen ihres Aufsichtsrechts über ihre Beamten und wegen ihres Beschwerderechts.

Die Entlassungsverfügung wird wirksam nach §§ 16 Abs. 1, 24 Abs. 2, 3 FGG.

Für den Fall, daß die mit Rücksicht auf die Sorge für die Person des Mündels beantragte Entlassung abgelehnt wird, oder daß die verfügte Entlassung mit solchen Rücksichten angefochten wird, sind auch der Mündel selbst und die Personen beschwerdeberechtigt, die an der Wahrnehmung der Sorge für die Person ein berechtigtes Interesse haben. Planck zu § 1886, RJA. 6 S. 7, OLGRspr. 10 S. 33. In ObLG. 7 S. 42 wird der unehelichen Mutter ein besonderes Beschwerderecht gegen die Ablehnung des Antrages auf Entlassung des Vormundes abgesprochen.

Bei dem Berufsvormunde besteht noch ein weiterer Endigungsgrund für sein Amt. Der Berufsvormund ist zum Vormunde bestellt worden im Hinblick auf seine Stellung als Beamter der Gemeinde. Es können ihm demnach die vormundschaftlichen Befugnisse nur auf die Dauer seines Gemeindeamtes zukommen. Der Verlust der amtlichen Stellung (Versetzung, dauernde oder vorübergehende Pensionierung, Dienstentlassung) bedeutet auch den Verlust der vormundschaftlichen Befugnisse. Der Stellvertreter des Beamten oder dessen Amtsnachfolger treten nicht ohne weiteres in die vormundschaftlichen Befugnisse des Beamten ein; denn der Berufsvormund leitet seine Befugnisse aus der Bestellung durch das Vormundschaftsgericht ab; die aus der Bestellung fließenden Rechte und Pflichten sind nicht übertragbar, sie knüpfen sich ausschließlich an die Person des Bestellten.

Bleibt ein Gemeindebeamter im Dienste der Gemeinde, wird ihm aber ein anderes Amt übertragen, so bedingt das die Endigung des vormundschaftlichen Amtes nur unter der Voraussetzung, daß dem Beamten in seinem neuen Wirkungskreise nicht mehr die Aufgabe zufällt, Minderjährige zu beaufsichtigen, die in einer von ihm ausgewählten Familie oder Anstalt erzogen oder verpflegt werden. War der Gemeindebeamte jedoch ausschließlich mit Rücksicht auf eine bestimmte amtliche Stellung z. B. als Vorstand eines Waisenhauses zum Berufsvormunde bestellt worden, so endigt sein vormundschaftliches Amt mit dem Verluste dieser Stellung, mag der Beamte auch im übrigen die Tätigkeiten der Auswahl von Familien und Anstalten und der Beaufsichtigung der Erziehung und Verpflegung der Schützlinge künftig betätigen.

Dem Berufsvormunde, seinem Stellvertreter oder Nachfolger

im Amt und der Gemeinde obliegt die Verpflichtung, dem Vormundschaftsgerichte jede Veränderung im Amte des Berufsvormundes, die eine Endigung seiner vormundschaftlichen Stellung herbeiführt, anzuzeigen. Solche Veränderungen bilden keinen gesetzlichen Endigungsgrund für das Amt des Berufsvormundes ab; sie bilden vielmehr nur einen Grund zur Entlassung des Beamten, falls nicht die Gemeinde Antrag nach Art. 7 stellt.

Liegt in der Person des Berufsvormundes ein Entlassungsgrund vor, der zugleich auch die Beendigung seiner dienstlichen Eigenschaft herbeiführt (z. B. Eintritt der Geschäftsunfähigkeit, die nicht auf Entmündigung beruht), so braucht das Vormundschaftsgericht nicht etwa erst die Pensionierung oder die Dienstesentlassung des Beamten abzuwarten.

Die Endigung des vormundschaftlichen Amtes des Berufsvormundes hat die Bestellung eines anderen Vormundes zur Folge. Der neue Vormund kann selbst wieder ein Gemeindebeamter im Sinne des Art. 1 sein. Soweit der Beamte nicht selbst das Amt des Vormundes bis zur Bestellung eines anderen Vormundes fortführen kann, obliegt der Gemeinde die Verpflichtung, dafür Vorkehrung zu treffen, daß die dringlichen Angelegenheiten durch einen anderen Beamten erledigt werden.

Die Reaktivierung des Beamten gibt ihm sein früheres Amt als Vormund nicht ohne weiteres wieder. Er hat auch keinen Anspruch auf Wiederbestellung als Vormund.

7. **Der Kreis der unter die Berufsvormundschaft fallenden Schützlinge.**

a) In subjektiver Beziehung wird für den Eintritt der Berufsvormundschaft gefordert, daß ein Minderjähriger zu den Personen gehört, die unter die Berufsvormundschaft fallen können.

Die reichsrechtliche Voraussetzung für die Einführung der Berufsvormundschaft ist nach dem Art. 136 Nr. 1 des EGzBGB., daß der Minderjährige, für welchen der Gemeindebeamte Vormund werden soll, unter der Aufsicht des Beamten in einer von ihm ausgewählten Familie oder Anstalt erzogen oder verpflegt wird. Bei unehelichen Kindern ist diese Voraussetzung im Art. 136 Nr. 2 dahin abgeschwächt, daß es genügt, wenn die Erziehung oder Verpflegung in der mütterlichen Familie unter der Aufsicht des Beamten erfolgt.

Der Eintritt der Berufsvormundschaft ist danach an die Tatsache einer öffentlichen Fürsorge für ihre Schützlinge, sei es nun in der Form einer vollständigen Versorgung, sei es in der Form einer bloßen Beaufsichtigung ihrer Erziehung oder Verpflegung geknüpft. Erfordernis für den Eintritt der Berufsvormundschaft ist nicht die Gewährung einer Unterstützung aus öffentlichen Mitteln. Eine solche Annahme findet weder in dem Wortlaute des Art. 136 EGzBGB. eine Stütze, noch ist sie aus dem Begriffe der Beaufsichtigung und der Auswahl einer Familie oder Anstalt, in der der Minderjährige erzogen oder verpflegt werden soll, zu folgern. Gerade bei den Kostkindern, die eine Hauptgruppe der unter die Berufsvormundschaft fallenden Schützlinge abgeben werden, kommt häufig eine Unterstützung aus öffentlichen Mitteln nicht in Frage.

b) Auswahl und Aufsicht.

Die reichsrechtliche Voraussetzung für die Einführung der Berufsvormundschaft ist, daß ein Gemeindebeamter die Anstalt oder Familie, in der der Mündel erzogen oder verpflegt werden soll, auswählt und beaufsichtigt; für uneheliche Kinder ist dies Erfordernis dahin abgeschwächt, daß es genügt, wenn sie in der eigenen mütterlichen Familie unter Aufsicht des Beamten erzogen oder verpflegt werden. Es wird also ein kumulatives Zusammentreffen, eine Vereinigung der Tätigkeit der Auswahl einer geeigneten Familie oder Anstalt und die Beaufsichtigung der Erziehung oder Verpflegung der Kinder in dieser gefordert. Was das Erfordernis der Auswahl betrifft, so scheint dies Erfordernis nach dem Wortlaute des Gesetzes an sich nur dann erfüllt, wenn diese Auswahl lediglich von der Entschließung des betreffenden Gemeindebeamten abhängt, wenn er selbst also die Auswahl der Anstalt oder der Familie getroffen hat. Von hier aus erscheint es nicht unzweifelhaft, ob buchstäblich diese Voraussetzung überhaupt irgendwo in den in Betracht kommenden Fällen gegeben ist. Denn auf dem Gebiete des Armengesetzes ist es der Armenpflegschaftsrat, der die Auswahl trifft, und im Gebiete des Zwangserziehungsgesetzes die Distriktsverwaltungsbehörde (in München zurzeit die Kgl. Polizeiämter); vgl. jedoch Art. 8. Bei den Kostkindern vollends ist von einer Auswahl der Familie überhaupt nicht die Rede; es besteht vielmehr nur ein Vetorecht der Ortspolizeibehörde. Die Auslegung des Begriffes Auswahl in dem vorangedeuteten Sinne würde demnach die Einführung der Berufsvormundschaft geradezu in Frage stellen. Eine so enge Auslegung des Begriffes ist jedoch weder im Sinne dieses Gesetzes noch im Sinne des Art. 136 EGzBGB. gelegen, noch würde sie den tatsächlichen Verhältnissen gebührend Rechnung tragen.

Das Erfordernis der Auswahl darf vielmehr auch dann als gegeben erachtet werden, wenn die Auswahl zwar von dem zur tatsächlichen Fürsorge berechtigten Elternteile (Vater, eheliche Mutter, uneheliche Mutter) getroffen ist, die Gemeinde oder der Beamte aber der Auswahl ausdrücklich oder stillschweigend zugestimmt haben. Dies gilt nicht nur für die Fälle, in denen bei einer Meinungsverschiedenheit zwischen dem Vormunde und dem Elternteile die Meinung des Vormundes vorgeht, sondern auch für die Fälle, in denen die Meinung des Elternteiles den Ausschlag gibt. Denn im Sinne des Art. 136 EGzBGB. kommt es nur darauf an, daß der Beamte bei der Auswahl mitgewirkt hat, weil, wenn diese Voraussetzung zutrifft, angenommen werden darf, daß er die Verhältnisse kennt und deshalb zum Vormunde geeignet ist. Vgl. Planck Bem. 1 lit. h zu Art. 136 EGzBGB. Der Begriff der Auswahl darf danach also auch dann als erfüllt angesehen werden, wenn dieselbe nur stillschweigend getroffen wird, und ebenso auch dann, wenn tatsächlich nicht der Beamte selbst, sondern die ihm vorgesetzte Behörde die Auswahl getroffen hat, da im letzteren Falle wohl stets das Einverständnis des Beamten anzunehmen ist, wenn nicht diese Auswahl sogar auf seinen eigenen Vorschlag zurückgeht. Auch die Praxis, insbesondere in Sachsen, hat das Vorhandensein der Voraussetzungen der Berufsvormundschaft für diesen Fall entschieden bejaht. Dort wurde der Begriff der Auswahl als erfüllt angesehen, wenn die gemeindliche Behörde oder der Beamte die Auswahl der unehelichen Mutter nicht zu beanstanden hatte. Übrigens hat man in anderen Bundesstaaten den Begriff der Auswahl nicht so strenge aufgefaßt und diesen nach Art. 136 des EGzBGB. als Voraussetzung der Zulässigkeit einer Berufsvormundschaft aufgestellten Begriff nicht einmal ausdrücklich in die betreffenden Landesgesetze übernommen. Die betreffenden Gesetze für Elsaß-Lothringen, Reuß ältere Linie, Reuß jüngere Linie und das Herzogtum Sachsen-Altenburg sprechen nur von der „Aufsicht" des betreffenden Beamten über die Familien oder Anstalten, in welchen die Minderjährigen untergebracht sind und halten sohin bei dem Vorhandensein dieser Aufsicht allein schon den Begriff der „Auswahl" für erfüllt.

Von der hier vertretenen Auffassung aus, die auch bei den Beratungen des Entwurfes als die richtige bezeichnet wurde (Stenogr. Bericht über d. Verh. d. Kammer der Reichsräte 1908 1. Bd. S. 119), ist nach dem geltenden bayerischen Rechte das Erfordernis der Auswahl einer Familie oder Anstalt durch einen Gemeindebeamten in einer Anzahl von Fällen gegeben.

Unter Aufsicht ist sowohl die stetige Überwachung, als auch die nur zeitweise Kontrolle zu verstehen. Die Pflicht zur Beaufsichtigung umfaßt die Pflicht darüber zu wachen, daß den Kindern die ihnen gebührende Fürsorge in jeder Hinsicht zuteil wird. Die Aufsicht erstreckt sich sowohl auf den Zustand der Räume, in denen die Kinder zu leben haben, auf die Art der Ernährung und Verpflegung, die Art der Behandlung und Erziehung (Schul- und Kirchenbesuch).

Daß den Gemeindebeamten das Recht der Aufsicht über die Anstalt, in der der Minderjährige untergebracht ist, zusteht, wird nicht gefordert. Erforderlich ist nur, daß der Gemeindebeamte die Erziehung und Verpflegung, die ein Minderjähriger in einer Anstalt erfährt, überwacht und beaufsichtigt.

c) Die Kinder, die nach dem unter b Ausgeführten nach dem geltenden bayerischen Rechte unter die Berufsvormundschaft fallen können, lassen sich in vier Gruppen einteilen:

1. Die Kinder, die im Wege der öffentlichen Armenpflege in einer Anstalt oder in einer fremden Familie erzogen oder verpflegt werden;
2. die unehelichen Kinder, die zwar in der eigenen Familie, aber mit Unterstützung der Armenpflege erzogen oder verpflegt werden;

3. die Kostkinder;

4. die Zwangserziehungszöglinge.

Zu 1. Für die im Wege der Armenpflege untergebrachten Kinder folgt dies insbesondere aus dem Art. 11 Nr. 4 des Armengesetzes, inhaltlich dessen dem Armenpflegschaftsrate die Aufgabe obliegt, armen Kindern die erforderliche Erziehung und Ausbildung zu verschaffen (vgl. ferner Art. 27—29, 32 ArmG). Das ist ohne eine Auswahl und Beaufsichtigung der Stelle (Familie oder Anstalt), wo die Erziehung und Ausbildung erfolgt, nicht denkbar. Der Armenpflegschaftsrat, ein gemeindliches Organ (Art. 22 ArmG.), beschließt über die Frage, ob ein Kind auf öffentliche Kosten unterzubringen sei und bestimmt teils selbst (meist nach Anhörung der äußeren Organe) die Familie oder Anstalt, in der das Kind unterzubringen sei, teils überläßt er die Auswahl der Familie oder Anstalt dem mit der Beaufsichtigung des Kindes betrauten Organe. Dieses kann ein Mitglied des Armenpflegschaftsrates sein (vgl. Art. 22 ArmG.). Die Beaufsichtigung kann auch einer von dem Armenpflegschaftsrat als Armenpfleger aufgestellten Person übertragen werden (Art. 24 ArmG.), dessen Aufgabe es ist, dem Armenpflegschaftsrat über die persönlichen Verhältnisse der um Armenunterstützung einkommenden Personen Aufschluß zu geben und die Verwendung der Unterstützung zu überwachen. Mit der Wahrnehmung dieser letzteren Aufgabe kann gleichzeitig die Beaufsichtigung der Erziehung oder Verpflegung des Kindes erfolgen. Neben diesem Organe können zur Beaufsichtigung auch noch andere Beamte in Frage kommen, die dem Armenpflegschaftsrate zur Unterstützung im äußeren Dienste von der Gemeinde zugewiesen werden. Die genannten Personen können zur Übernahme der Berufsvormundschaft in Frage kommen.

Die von dem Armenpflegschaftsrate bestimmte Familie oder Anstalt gilt als von dem Beamten ausgewählt im Sinne des Art. 1; denn der Beamte macht die Entscheidung der ihm vorgesetzten Behörde zu seiner eigenen, wenn nicht gar, was in den meisten Fällen zutreffen wird, die Auswahl auf seinen Vorschlag zurückzuführen ist.

Selbstverständlich begründet nicht jede Unterstützung aus öffentlichen Mitteln, z. B. die Verschaffung der für den Besuch der Volksschule erforderlichen Lernmittel, die Möglichkeit der Übertragung der Vormundschaft auf den Gemeindebeamten. Es wird vielmehr erfordert, daß die Unterbringung eines Kindes in einer Familie oder Anstalt zu Erziehungs- oder Verpflegungszwecken in Frage steht und daß die Gemeinde die Erfüllung dieses Zweckes entweder ganz oder teilweise auf ihre Kosten übernommen hat.

Zu 2. Bezüglich dieser Gruppe von Kindern gilt im wesentlichen das gleiche wie zu 1. Die unehelichen Kinder aus der Gruppe 1 auszuscheiden, war um deswillen veranlaßt, weil für die unehelichen Kinder in Art. 3 eine singuläre, von der Regel des Art. 1 abweichende Bestimmung aufgestellt ist, die eine

Abschwächung der reichsrechtlichen Voraussetzung für die Übertragung der Vormundschaft auf Gemeindebeamte bedeutet. Vgl. die Bem. zu Art. 3. Alle unehelichen Kinder schlechthin fallen nicht unter die Berufsvormundschaft. Sie fallen darunter nur, soweit die Armenpflege für die Kosten ihrer Erziehung oder Verpflegung ganz oder teilweise aufzukommen hat.

Zu 3. Die Ausdehnung der Berufsvormundschaft auf Kostkinder folgt aus der Ziff. 5 der auf Grund des Art. 41 des PStGB. erlassenen Ministerialbekanntmachung vom 6. Februar 1906 (JMBl. 1906 S. 37 ff.; MABl. 1906 S. 56). Meist wird zwar der Kostgeber des Kindes von dessen Verwandten, insbesondere der unehelichen Mutter ausgewählt, ohne daß dabei der Einfluß irgendeiner Behörde mit im Spiele wäre. Ein behördlicher Einfluß auf die Auswahl des Kostgebers kommt nur insoweit in Betracht, als eben Kinder nur bei einem solchen Kostgeber untergebracht werden dürfen, dem die polizeiliche Bewilligung zur Annahme von Kindern zur Pflege und Erziehung erteilt worden ist. In der Ziffer 5 der Bekanntmachung vom 6. Februar 1906 ist angeordnet, daß die Ortspolizeibehörden, in der Regel also die Gemeinden, im Benehmen mit den Gemeindewaisenräten, sämtliche in ihren Bezirken befindlichen Kostkinder zu beaufsichtigen und fortgesetzt darüber zu wachen haben, daß ihnen die gebührende Fürsorge in jeder Hinsicht zuteil werde. Gemäß Ziff. 4 a. a. O. ist außerdem den Kostgebern bei Erteilung der Bewilligung zu eröffnen, daß diese Bewilligung widerruflich sei und im Falle sich zeigender Mißstände Zurücknahme derselben erfolgen werde. Auch hier ist also eine stillschweigende Zustimmung zur Auswahl der Familie des Kostgebers vorhanden, insoferne diese Auswahl nötigenfalls jederzeit beanstandet werden kann. Übrigens liegt bei den Kostkindern, welche in dem Bezirke einer unmittelbaren Stadt untergebracht sind, eine direkte Auswahl der Kostplätze durch die Gemeindebehörde selbst vor. Denn die Gemeindebehörde ist hier zugleich Distriktsverwaltungsbehörde, und ein Kostkind darf nicht ohne Genehmigung der Distriktsverwaltungsbehörde aufgenommen werden und diese Genehmigung ist jederzeit widerrufbar.

Der mit der Beaufsichtigung eines Kostkindes betraute Beamte hat sich vor allem darüber schlüssig zu machen, ob die ausgewählte Familie geeignet ist, das Kind zu erziehen oder zu verpflegen. Hat er gegen die Auswahl nichts einzuwenden, so macht er die getroffene Auswahl auch zu seiner eigenen.

Als Aufsichtsbeamte über Kostkinder und damit als Berufsvormund können teils Beamte der Ortspolizei*), teils solche nach Abs. 2 der Nr. 5 der erwähnten Bekanntmachung zur Erfüllung der Aufgabe der Beaufsichtigung und Überwachung von der Ortspolizeibehörde bestimmte Beamte in Betracht kommen. Ärzten kann die Vormundschaft nur dann übertragen werden, wenn ihnen gleichzeitig die Eigenschaft von Gemeindebeamten

*) Es ist beabsichtigt in München die Überwachung des Kostkinderwesens dem Stadtmagistrate zuzuweisen.

zukommt. Der Gemeindewaisenrat kommt nicht in Betracht, weil ihm nicht die Pflicht zur Beaufsichtigung der Kostkinder obliegt, er vielmehr nur zur Unterstützung der Ortspolizeibehörden berufen ist.

Über den Begriff der Kostkinder ist folgendes zu sagen: Kostkinder sind nur alle fremden, gegen Bezahlung in Erziehung genommenen Kinder unter 8 Jahren. Alle unehelichen Kinder, die nicht gegen Bezahlung verpflegt werden, also z. B. solche, die bei Verwandten untergebracht sind, oder solche, für deren Erziehung eine einmalige Abfindungssumme gezahlt wurde, sind der behördlichen Kontrolle entzogen, wenn auch gerade diese Kinder, etwa 79 % aller unehelichen Kinder, einer strengen Beaufsichtigung seitens der Behörden bedürften.

Zu 4. Die im Vollzuge der gerichtlichen Anordnung der Zwangserziehung erfolgende Auswahl einer Anstalt oder Familie geschieht durch die Distriktsverwaltungsbehörde, in unmittelbaren Städten, — nach Art. 8 dieses Gesetzes auch in München — also durch die Gemeinden selbst (Art. 5 ZwErzG.). Die mittelbaren Gemeindebehörden haben zur Ausfindigmachung geeigneter Familien mitzuwirken (§ 32 der ABzZwErzG. v. 28. Juni 1902). Die Pflicht zur Beaufsichtigung der Zwangserziehungszöglinge obliegt nach Art. 7 Abs. 2 ZwErzG., § 39 Ausführungsbestimmung bei Familienerziehung dem Gemeindewaisenrat, der sich namentlich hinsichtlich der Mädchen und der im Kindesalter stehenden Knaben der Mitwirkung der Waisenpflegerinnen bedienen kann. Als Berufsvormünder kommen demnach für Zwangserziehungszöglinge Waisenräte und Waisenpflegerinnen in Betracht, in unmittelbaren Städten Beamte der Distriktsverwaltungsbehörde oder diesen beigegebene gemeindliche Organe, ferner Vorstände gemeindlicher Erziehungsanstalten.

Die von der Distriktsverwaltungsbehörde ausgewählte Familie oder Anstalt gilt auch von den aufsichtspflichtigen Beamten als ausgewählt im Sinne des Art. 1, denn indem er sie für geeignet befindet, stimmt er der getroffenen Auswahl zu.

Selbstverständlich kann ein Minderjähriger auch mehreren Gruppen der unter die Berufsvormundschaft fallenden Schützlinge angehören, z. B. ein der Gruppe 2 angehörender Minderjähriger wird später Zwangserziehungszögling. Der Amtstätigkeit des bisher bestellt gewesenen Berufsvormundes geschieht dadurch, daß noch ein weiteres Aufsichtsorgan neben ihn tritt, ein Eintrag nicht.

Die nach Art. 1 mögliche Bevormundung erstreckt sich ebenso wie die nach Art. 2 ausschließlich auf Minderjährige. Die Ausdehnung des Vorbehalts des Art. 136 auf **Volljährige** ist ausgeschlossen: Stranz-Gerhard, Bem. zu Art. 78; Planck, Bem. 3 zu Art. 136 EGzBGB.

d) Kein Erfordernis für die Übertragung von Vormundschaften auf den Gemeindebeamten ist es, daß die Mündel in der Gemeinde heimatberechtigt sind. Die Heimat ist nur insoferne mittelbar von Einfluß, als sich auf sie die Berechtigung des Beamten zur Ausübung der Aufsicht über den Minderjährigen gründet. Im einzelnen kommt folgendes in Betracht:

1. Ist schon die Gewährung einer Unterstützung aus öffentlichen Mitteln keine Voraussetzung für den Eintritt der gesetzlichen Vormundschaft, so ist auch die Ausübung der Berufsvormundschaft in Ansehung der im Wege der Armenpflege untergebrachten Kinder an sich vollständig unabhängig von der Frage, welche Gemeinde einem Minderjährigen gegenüber zur Unterstützung verpflichtet ist. Ob die Unterstützung eine vorläufige oder endgültige ist, ob die aufgewendeten Unterstützungskosten von einer anderen Gemeinde ersetzt werden, ist für die Frage des Eintritts der Vormundschaft eines Gemeindebeamten völlig unerheblich. Das Gesetz verlangt nur die tatsächliche Unterstützung, ohne die Pflicht zur Unterstützung zu berücksichtigen. Daß dies die Absicht des Gesetzes ist, folgt unzweideutig daraus, daß als Voraussetzung für die gesetzliche Vormundschaft des Gemeindebeamten die Auswahl einer Familie oder einer Anstalt, in der der Mündel untergebracht werden soll, und die Aufsicht über diese Familie oder Anstalt hingestellt wird. Über die im Bezirk einer Stadt untergebrachten Mündel kann niemals dem Beamten einer anderen, wenn auch endgültig unterstützungspflichtigen Gemeinde die Aufsicht zustehen, diese kann vielmehr nur dem Beamten derjenigen Gemeinde zustehen, die das Kind untergebracht hat. Niemals könnte eine Gemeinde durch ein von ihr erlassenes Statut die gesetzliche Vormundschaft über einen außerhalb ihres Bezirkes sich aufhaltenden, der Aufsicht ihres Beamten nicht unterstehenden Minderjährigen erhalten. Hieraus ergibt sich, daß der Berufsvormundschaft des Gemeindebeamten alle von der Gemeinde tatsächlich unterstützten Minderjährigen unterliegen, unabhängig davon, ob die Gemeinde endgültig verpflichtet ist, dem Minderjährigen eine Unterstützung zu gewähren. ZBlFG. II S. 670; Johow 22 A 217.

Die Unterstützungspflicht der Gemeinden erstreckt sich zwar zunächst auf die in ihr heimatberechtigten Personen (Art. 11 ArmG.). Die Gemeinde kann aber nach Art. 13 ArmG. auch solchen hilfsbedürftigen Personen gegenüber unterstützungspflichtig werden, deren Heimat unbekannt oder bestritten ist. Schließlich kann auch eine nicht unterstützungspflichtige Gemeinde im Wege freiwilligen Übereinkommens mit der unterstützungspflichtigen Gemeinde die Unterstützung und Erziehung hilfsbedürftgier Personen übernehmen (Art. 18 Abs. 3 ArmG.). In solchen Fällen kann die Gemeinde die Vormundschaft durch ihre Beamten über solche Minderjährige übernehmen lassen, die in ihr nicht heimatberechtigt sind.

2. Bei Kostkindern spielt die Heimat eine Rolle überhaupt nicht. Entscheidend ist lediglich der Aufenthaltsort des Kostgebers (Nr. 5 der Bek. v. 6. Februar 1906).

3. Nur bei Zwangserziehungszöglingen ist die Heimat von Bedeutung (vgl. Art. 12 Abs. 2 ZwErzG.) insoferne als sich nach der Heimat die örtliche Zuständigkeit der Distriktsverwal-

tungsbehörde bestimmt, also auch die Zuständigkeit des Gemeindewaisenrats zur Beaufsichtigung der Zwangserziehungszöglinge.

4. Auch Minderjährige, die einem ausländischen Staate angehören, können unter Umständen in Berufsvormundschaft genommen werden. Selten wird jedoch eine Gemeinde solchen Minderjährigen ihre Fürsorge widmen wollen. Auch wird im Hinblick auf Art. 23 EGzBGB. der Fall einer Vormundsbedürftigkeit selten gegeben sein. Ermittelung von Amts wegen durch das Vormundschaftsgericht, ob der ausländische Staat die Fürsorge übernimmt. OLGRspr. Bd. 6 S. 309. Übernimmt der ausländische Staat die Fürsorge für seinen Angehörigen, so darf im Inlande eine Vormundschaft nicht eingeleitet werden, eine eingeleitete Vormundschaft muß abgegeben werden. Beschwerderecht der ausländischen Behörde gegen die Verweigerung der Abgabe OLGRspr. Bd. 2 S. 260; RJA. 2 S. 256. In beiden Fällen besteht im Inlande keine Vormundschaftsbedürftigkeit, somit ist auch kein Raum für eine Berufsvormundschaft.

e) Die Unterbringung in einer Anstalt oder Familie muß den Zwecken der geistigen oder der leiblichen Förderung der Minderjährigen dienen oder beiden Zwecken zusammen; kumulatives Zusammentreffen der beiden Zwecke ist nicht erforderlich. Daraus ergibt sich, daß die Unterbringung von vorneherein auf längere Zeit berechnet sein muß. Eine bloß vorübergehende, provisorische Unterbringung bis zur Entscheidung über die Frage der endgültigen Unterbringung genügt nicht, um die Voraussetzungen für den Eintritt der Berufsvormundschaft als gegeben erscheinen zu lassen.

Zu den in Art. 1 bezeichneten Anstalten sind zu rechnen: Die Findelhäuser, Rettungshäuser, die Blinden-, Taubstummen-, Siechen- und Irrenanstalten, Waisenhäuser, die der Fürsorge-Erziehung dienenden Erziehungs- und Besserungsanstalten.

Daß eine Anstalt nebenher auch kirchliche oder religiöse Zwecke verfolgt, ist unbehelflich, soferne sie nur das Wesen einer Erziehungs- und Verpflegungsanstalt hat.

Ein Gefängnis, in welchem ein Minderjähriger eine Strafe verbüßt, ist nicht hieher zu rechnen, weil es nicht als Erziehungs- oder Verpflegungsanstalt aufgefaßt werden kann.

Nur geschlossene Anstalten kommen in Betracht, d. h. solche, welche die Erziehung oder Verpflegung selbst übernehmen, nicht aber die Pfleglinge außerhalb unterbringen. Stranz-Gerhard, Art. 78 § 1 mit 4.

f) Kein unbedingtes Erfordernis für die Übertragung von Vormundschaften auf den Gemeindebeamten ist es, daß die Unterbringung eines Minderjährigen zu Erziehungs- und Verpflegungszwecken im Bezirke der Gemeinde selbst erfolgt. Eine Gemeinde kann die von ihr im Wege der Armenpflege untergebrachten Kinder in einer außerhalb des Burgfriedens der Stadt gelegenen Anstalt oder in einer im Bezirk einer anderen Gemeinde wohnenden Familie unterbringen. Hiedurch wird die

Gemeinde in keiner Weise an der Ausübung ihrer Aufsicht gehindert. Das Aufsichtsrecht der anderen Gemeinde wird in keiner Weise berührt; denn die auswärts untergebrachten Minderjährigen unterstehen der Aufsicht der auswärtigen Gemeinde nicht. Nach außen hin tritt der Berufsvormund nicht in seiner Eigenschaft als Beamter, sondern nur als Vormund auf.

Als unzulässig wäre es zu bezeichnen, wenn eine Gemeinde oder ihr Beamter das Recht der Aufsicht der anderen Gemeinde oder einem ihrer Beamten übertragen wollte. Solchenfalls würde die Voraussetzung der „Aufsicht" entfallen und damit ein wesentliches Erfordernis für den Eintritt oder die Fortdauer der Berufsvormundschaft in Wegfall kommen.

Ähnlich liegt die Sache bei den Zwangserziehungszöglingen, die nach § 26 ABzZwErzG. sogar regelmäßig entfernt vom Heimatsort unterzubringen sind. Bei Anstaltserziehung (§§ 36, 37 AB.) obliegt die Beaufsichtigung der Distriktsverwaltungsbehörde, gleichviel wo die Anstalt liegt. Auch bei Familienerziehung außerhalb der Heimatgemeinde verbleibt die Oberaufsicht der Distriktsverwaltungsbehörde (§ 24 AB.), während der GWR. der Aufenthaltsgemeinde nur zur Unterstützung bei der Ausübung der Aufsicht beigegeben ist (§§ 39 ff. AB.).

Zum Berufsvormunde für Kostkinder kann nur der Beamte jener Gemeinde bestellt werden, in deren Bezirk der Kostgeber wohnt (Ziff. 5 der Bek. v. 6. Febr. 1906).

g) Der Verlust des Rechtes und der tatsächlichen Möglichkeit der Beaufsichtigung vor der Beendigung der vollständigen Erziehung und Verpflegung des Minderjährigen aus irgendeinem Grunde, z. B. Unterbringung eines Minderjährigen in einer von dem Berufsvormunde nicht ausgewählten und beaufsichtigten Familie mit oder ohne Zustimmung des Berufsvormundes, führt den Wegfall der Funktionen des Berufsvormundes nicht herbei, denn die Befugnisse des nach Art. 1 bestellten Berufsvormundes gründen sich auf die Bestellung als Vormund und dauern fort bis zur Enthebung vom Amte, so gut wie bei jedem anderen Vormunde.

Die Gemeinde kann jedoch nach Art. 7 die Entlassung ihres Beamten oder dessen Entbindung von seinen Befugnissen beantragen.

Auch der Wegfall der Beaufsichtigung nach beendeter Erziehung oder Verpflegung hat auf die Fortdauer der Berufsvormundschaft einen Einfluß nicht (Art. 4).

Selbstverständlich endigt das Amt des bestellten Berufsvormundes mit dem Wegfalle der Bevormundungsbedürftigkeit (Tod des Mündels, Eintritt in eine elterliche Gewalt, Volljährigkeit, Volljährigkeitserklärung). Vgl. Bem. i S. 37.

8. Teilbevormundung.

a) Werden dem Beamten von dem Vormundschaftsgericht im Wege der Bestellung nur einzelne Rechte und Pflichten übertragen, z. B. nur die Sorge für die Person des Minderjährigen im Gegensatz zur Sorge für das Vermögen des Minderjährigen, oder die Sorge für die Person des Minderjährigen mit Ausschluß der Sorge für die religiöse Erziehung, so kann von einer Teilbevormundung des Minderjährigen durch den Gemeindebeamten gesprochen werden. Die Teilbevormundung durch den Gemeindebeamten ist selbstverständlich von den gleichen Voraussetzungen abhängig, wie die Vollbevormundung. Solchenfalls bleibt das Amt des bisherigen Vormundes mit der Wirkung bestehen, daß er von der Besorgung der dem Gemeindebeamten übertragenen Angelegenheiten ausgeschlossen ist. Weder der Gemeindebeamte noch der bisherige Vormund wird in einem solchen Falle in die Rechtsstellung eines Pflegers gedrängt. Bestellter Vormund und bisheriger Vormund teilen sich in die Rechte und Pflichten eines Vormundes. Steht eine Angelegenheit in Frage, die den Wirkungskreis beider Vormünder berührt, so steht den beiden Vormündern die Entscheidung zu. Bei einer Meinungsverschiedenheit entscheidet das Vormundschaftsgericht, soferne nicht bei der Bestellung des Berufsvormundes ein anderes bestimmt wurde (§§ 1797 Abs. 1, 1798 BGB.). Soweit der Gemeindebeamte Rechte und Pflichten eines Vormundes erhält, endigen die Rechte und Pflichten des bisherigen Vormundes (Art. 5), ohne daß es eine Entlassung des bisherigen Vormundes Bedarf. (Verständigung des bisherigen Vormunds und Aufforderung zur Rechenschaftsablage, wenn dem Gemeindebeamten das Recht der Sorge für das Vermögen übertragen wird, § 27 VormO.).

b) Auch die Teilbevormundung durch den Gemeindebeamten kann dadurch beendet werden, daß ein anderer Vormund bestellt wird, was jedoch das Vorliegen eines der in den §§ 1885 bis 1889 BGB. (vgl. Bem. β S. 36) vorgesehenen Gründe oder einen Antrag der Gemeinde nach Art. 7 voraussetzt. Der neue, für den dem Gemeindebeamten bisher übertragenen Pflichtenkreis zu bestellende Vormund kann der bisherige ehrenamtliche Vormund, oder auch ein anderer Vormund sein (abweichend von Art. 2 Abs. 4, der die Übertragung der Rechte auf den bisherigen ehrenamtlichen Vormund vorschreibt). Ersterenfalls fallen ihm dann lediglich die von ihm auf den Gemeindebeamten übergegangenen Befugnisse und Obliegenheiten wieder zu; er braucht insoweit nicht neu bestellt und verpflichtet zu werden, weil die Verpflichtung im allgemeinen auf treue und gewissenhafte Führung des Amts erfolgt und dem Vormunde nur ein weiterer Wirkungskreis übertragen wird (vgl. die Bem. h S. 80). Die Übertragung der Rechte auf einen anderen Vormund, die selbstverständlich eine neue Bestellung voraussetzen würde, verbietet jedoch schon die Rücksicht darauf, daß eine Verteilung der Befugnisse eines Vormundes im allgemeinen nicht tunlich und nicht praktisch ist.

Endigt das Amt des bisherigen ehrenamtlichen Vormundes, so kann der Gemeindebeamte die dem anderen Vormunde bisher übertragenen Rechte und Pflichten für sich in Anspruch nehmen, welchenfalls seine nochmalige Bestellung und Verpflichtung durch das Vormundschaftsgericht nicht erforderlich ist. Das

4*

Vormundschaftsgericht kann aber auch einen anderen Vormund als den Gemeindebeamten bestellen.

c) Nur soweit der Kreis der vormundschaftlichen Rechte und Pflichten des Berufsvormundes sich erstreckt, kann eine Befreiung des Berufsvormundes nach § 1852 Abs. 2 BGB. in Frage kommen (vgl. die Bem. d S. 112).

Die Vorschrift des Art. 6 Abs. 2, daß ein Gegenvormund nicht zu bestellen ist, gilt nur im Verhältnisse zum Berufsvormund; dem ehrenamtlichen Vormund kann deshalb ein Gegenvormund zur Seite gestellt werden. Über die Frage, ob und inwieweit das Amt eines bisher bestellten Gegenvormundes im Falle der Bestellung des Berufsvormundes auch im Verhältnis zu diesem eine Einbuße erleidet (vgl. Bem. b S. 107).

d) Auch die Teilbevormundung seitens des Gemeindebeamten dauert, soferne sie nicht durch die Entlassung des Berufsvormundes oder aus einem anderen rechtlichen Grunde vorzeitig endet, über die Beendigung der Erziehung und Verpflegung des Minderjährigen bis zu seiner Volljährigkeit fort. (Art. 4.) Vgl. im übrigen die Bem. k S. 39 ff., g S. 50.

Artikel 2.[1])

Gesetzliche Vormundschaft.

Durch Gemeindestatut[2]) kann bestimmt werden, daß Gemeindebeamte[3]) alle oder einzelne Rechte und Pflichten eines Vormundes[4]) für solche Minderjährige haben, welche unter der Aufsicht der Beamten in einer von ihnen ausgewählten Familie oder Anstalt erzogen oder verpflegt werden.[5])[6])

Das Statut bedarf der Genehmigung der Staatsministerien der Justiz und des Innern.[2])

Treten bei einem Minderjährigen die Voraussetzungen ein, unter denen der Gemeindebeamte nach dem Statute die in diesem vorgesehenen Rechte und Pflichten eines Vormundes erlangt, so hat der Gemeindebeamte dies dem Vormundschaftsgericht unverzüglich mitzuteilen.[7])

Die Befugnis des Vormundschaftsgerichts, einen anderen Vormund zu bestellen oder, soferne nach dem Statute dem Gemeindebeamten nur bestimmte Rechte und Pflichten eines Vormundes zukommen, diese dem Vormunde zu übertragen, bleibt unberührt.[8])

1. Der Art. 2 stützt sich auf den Vorbehalt des Art. 136 Nr. 1 EGzBGB. Nach dem Entwurfe hatte der Art. 2 Abs. 1 folgende Fassung:

Durch Gemeindestatut kann bestimmt werden, daß Gemeindebeamte alle oder einzelne Rechte und Pflichten eines Vormundes für alle oder einzelne Minderjährige haben, welche unter der Aufsicht der Beamten in einer von ihnen ausgewählten Familie oder Anstalt erzogen oder verpflegt werden.

Die Änderung des Wortlautes in „für solche Minderjährige" war veranlaßt, weil nach der ursprünglichen Fassung der Sinn der gesetzlichen Bestimmung nicht vollständig gedeckt war, denn den Gemeinden soll für die Erlassung des Statuts nur darin freie Hand gelassen werden, ob sie die gesetzliche Vormundschaft auf alle in Betracht kommenden Kinder ausdehnen, oder sie auf einzelne Kategorien derselben beschränken wollen. Nicht im Sinne des Abs. 1 war es dagegen gelegen, daß die gesetzliche Vormundschaft in Beschränkung auf einzelne Minderjährige zulässig sein soll.

Durch das Gesetz wird kein Zwang zur Einführung der Berufsvormundschaft geübt. Die Gemeinden können auf Grund ihres Selbstverwaltungsrechtes darüber beschließen, ob sie das Institut der Berufsvormundschaft einführen wollen oder nicht. Vgl. im übrigen die Vorbem. Nr. 2 vor Art. 1. Der Eintritt der gesetzlichen Vormundschaft hat die Erlassung eines Gemeindestatuts zur Voraussetzung (anders im Falle des Art. 1).

2. a) Begriff des Statuts.

Statuten sind Akte der Selbstgesetzgebung der Gemeinden in ihrem eigentlichen Wirkungskreis (im Gegensatz zu dem übertragenen Wirkungskreise). Seydel II S. 21; Kahr I S. 762. Die kraft gemeindlicher Autonomie erlassenen Gemeindestatuten haben die Bedeutung einer Rechtsquelle, sie schaffen Rechtsnormen, die rechtserzeugend wirken. Ihre allgemein verbindliche Kraft ist nach den allgemeinen Grundsätzen über die zeitliche und räumliche Geltung von Rechtsnormen zu beurteilen. Entsch. d. VerwaltGerH. Bd. 10 S. 385. Das Recht zur Erlassung von Statuten kommt den Gemeinden nur insoweit zu, als es ihnen vom Gesetz ausdrücklich zugeschrieben ist. Art. 2 gibt nun den Gemeinden das Recht zur Erlassung von Selbstsatzungen hinsichtlich der Einführung der Berufsvormundschaft.

b) Zuständigkeit zur Erlassung des Statuts.

Das regelmäßige Organ für die gemeindliche Selbstgesetzgebung ist die kollegiale Gemeindebehörde. Diese hat innerhalb des gesamten Wirkungskreises die Vermutung der Zuständigkeit für sich. Die Zuständigkeit eines anderen Organs ist nur da begründet, wo sich eine ausdrückliche gesetzliche Bestimmung hiefür anführen läßt. Für die Erlassung des Statuts an sich kommt eine Mitwirkungsbefugnis der Gemeindebevollmächtigten nicht in Frage. Dagegen ist es nicht ausgeschlossen, daß einzelne Bestimmungen des Statuts unter Umständen die Mitwirkung der Gemeindebevollmächtigten erheischen; z. B. wenn als Gemeindevormund ein aus der Gemeindekasse zu honorierender höherer Bediensteter angestellt werden soll. Art. 85, 77 II; ferner im Falle des Art. 111, 112 Nr. 3, 5 der diess. GemO.

Die Zuständigkeit bestimmt sich

1. in den Gemeinden mit städtischer Verfassung nach Art. 84 (Magistrat);
2. in den Gemeinden mit Landgemeindeverfassung nach Art. 130 (Gemeindeausschuß);
3. in den pfälzischen Gemeinden nach Art. 74 der GemO. für die Landesteile links des Rheins (Gemeinderat).

Das Vormundschaftsgericht ist bei der Erlassung der Statuten nicht beteiligt.

c) Inhalt des Statuts.

Das Gesetz selbst gibt nur den gesetzlichen Rahmen, innerhalb dessen die gesetzliche Vormundschaft der Gemeindebeamten zulässig ist. Aufgabe des Statuts ist es, die Ausfüllung dieses Rahmens vorzunehmen.

1. Das Statut hat einen wesentlichen Inhalt, der sich aus Art. 2 selbst ergibt. Hiernach hat das Statut eine Bestimmung darüber zu treffen

α) ob der Gemeindebeamte alle oder nur einzelne Rechte und Pflichten des Vormundes haben soll. A. A. Recht 1904 S. 537;

β) unter welchen Voraussetzungen die Berufsvormundschaft eintreten soll. Insbesondere ist der Zeitpunkt des Beginnes der Berufsvormundschaft genau festzulegen. Bei der Genehmigung des Statuts ist jeweils Vorsorge dafür zu treffen, daß der Zeitpunkt ein möglichst scharf bestimmter ist, damit Zweifel über die gesetzliche Vertretung des Minderjährigen möglichst vermieden werden. Das Statut kann bestimmen, daß wenn die Notwendigkeit der Bevormundung oder sonst irgendeine für den Entritt der gesetzlichen Vormundschaft in Betracht kommende Rechts- oder Tatfrage zweifelhaft ist, die Berufsvormundschaft nicht vor der erfolgten Entscheidung des Vormundschaftsgerichts in Wirksamkeit tritt. Vgl. Statut für die Stadt Breslau S. 124.

γ) ob sich die Berufsvormundschaft auf alle in Betracht kommenden Minderjährigen oder nur auf einzelne Gruppen von solchen erstreckt. Vgl. Bem. c S. 44.

2. Daneben kann das Statut einen willkürlichen Inhalt haben:

α) Das Statut kann die Beamten, die zur Führung der Vormundschaft in Betracht kommen, entweder mit Namen oder nach ihrem Amtscharakter bezeichnen. Das Statut kann auch dahin gefaßt sein, daß es für die Gemeinde nur die Ermächtigung ausspricht, in geeigneten Fällen durch besondere Verfügung die Rechte und Pflichten des Vormundes einzelnen Beamten zu übertragen. Letzterenfalls erfolgt der Eintritt der gesetzlichen Vormundschaft unabhängig von der Erlassung der Verfügung der Gemeinde. Nur die Bezeichnung des Vormundes bleibt dieser Verfügung vorbehalten.

β) Das Statut kann das Verhältnis zwischen dem Berufsvormund und dem Gemeindewaisenrat regeln. Beide sind Beamte der Gemeinde. Die Rücksichtnahme auf die Gleichstellung der beiden Beamten verbietet im allgemeinen eine Überordnung des Gemeindewaisenrats gegenüber den Berufsvormündern, während eine solche Überordnung bei den Einzelvormündern besteht. Regelt das Statut das Verhältnis zwischen dem Gemeindewaisenrat und dem gesetzlichen Vormunde nicht näher, so ist der § 1850 BGB. auch im Verhältnis zum Berufsvormund anwendbar. Vgl. jedoch Bem. III S. 92.

γ) Das Statut kann Bestimmungen über seine zeitliche Dauer treffen, nach deren Ablauf das Statut als aufgehoben anzusehen ist. Es kann auch Bestimmungen treffen über den Zeitpunkt, in dem es in Wirksamkeit treten soll.

δ) Das Statut kann Organisationsfragen regeln. Beigabe von Unterbeamten an die Berufsvormünder, Regelung der Stellvertretung des Gemeindebeamten, Organisation der mehreren Berufsvormünder unter sich, Verteilung ihrer Aufgaben und Befugnisse, Organisation der Unterbeamten, Unterstützung der Berufsvormünder durch andere Beamte der Gemeinde. Vgl. Statut der Stadt Cottbus S. 121.

ε) Das Statut kann Bestimmungen darüber treffen, inwieweit das Erfordernis der Gleichheit des religiösen Bekenntnisses mit dem Mündel Platz greifen soll. Vgl. Bem. ζ S. 63.

ζ) Das Statut kann bestimmen, daß die Gemeinden von dem Augenblick an, in dem die Voraussetzungen wegfallen, unter denen die Berufsvormundschaft eingetreten ist, z. B. vom Augenblicke des Austritts des Mündels aus der Anstalt, die Vormundschaft nicht weiter führe. Vgl. Bem. 2 S. 104.

η) Das Statut kann Bestimmungen über die Legitimation des Berufsvormunds treffen. Vgl. Statut der Stadt Frankfurt a. O. S. 125.

ϑ) Das Statut kann vorschreiben, daß der Beamte die Entscheidung des Vormundschaftsgerichts einzuholen hat, wenn eine für den Eintritt der Berufsvormundschaft in Betracht kommende Rechts- oder Tatfrage zweifelhaft ist. Vgl. Statut der Stadt Eickel S. 123, Breslau S. 124. Vgl. auch Bem. c S. 65.

ι) Das Statut kann vorschreiben, daß im Falle einer Teilbevormundung durch den Gemeindebeamten die Entscheidung in einer den Wirkungskreis beider Vormünder betreffenden Angelegenheit im Falle einer Meinungsverschiedenheit der beiden Vormünder dem Berufsvormunde zustehen soll.

κ) Das Statut kann bestimmen oder verbieten, daß dem Gemeindebeamten auch die rechtliche Stellung eines Pflegers in Einzelfällen zukommen soll. Enthält das Statut eine Bestimmung hierüber nicht, so ist ein solches Verbot nicht zu vermuten.

λ) Das Statut kann eine Bestimmung darüber enthalten, ob auch diejenigen Minderjährigen unter die gesetzliche Vormundschaft fallen, in Ansehung derer die Voraussetzungen für den Eintritt der gesetzlichen Vormundschaft schon zur Zeit des Erlasses des Statuts bzw. dessen Inkrafttretens gegeben waren.

μ) Das Statut kann bestimmen, unter welchen Voraussetzungen die Amtstätigkeit des gesetzlichen Vormundes erlöschen soll. Vgl. das Statut der Stadt Siegen S. 122 Bestimmungen für den Fall eines Wechsels in der Person des gesetzlichen Vormundes werden zweckmäßig in das Statut aufgenommen.

d) Das Statut bedarf zu seiner Wirksamkeit der Genehmigung der beiden Staatsministerien der Justiz und des Innern. Jenem obliegt die Prüfung nach der justiziellen Seite, diesem nach der verwaltungs-technischen Seite hin. Gleichgültig ist, welchem Ministerium das Statut zunächst vorgelegt wird. Erst mit der Genehmigung der beiden Ministerien kann das Statut in Wirksamkeit treten, soferne nicht in dem Statut ein Zeitpunkt bestimmt ist, von dem an es Geltung haben soll. Diesfalls tritt das Statut erst mit diesem Zeitpunkt in Wirksamkeit. Neben die Genehmigung tritt noch das Erfordernis der ordentlichen Publikation.

Aus dem Vorbehalte der Genehmigung des Statuts durch die beiden Ministerien folgt nicht, daß die Ministerien, oder eines von ihnen die Befugnis hätte, ihre Genehmigung zurückzuziehen, falls die Führung der Vormundschaft durch die Gemeindebeamten Mißstände gezeitigt haben sollten. Dem Staatsministerium des Innern bleibt es jedoch auf Grund des ihm zustehenden Oberaufsichtsrechts über die Gemeinden vorbehalten, auf die Abstellung von hervorgetretenen Mißständen hinzuwirken. Außerdem können die Vormundschaftsgerichte etwaigen Unzuträglichkeiten durch die Bestellung anderer Vormünder im Einzelfalle wirksam begegenen.

Aus dem Vorbehalte der Genehmigung der beiden Ministerien darf auch gefolgert werden, daß Bekanntmachungen, die sich auf die Berufsvormundschaft beziehen, durch die beiden Ministerien zu erlassen sind.

e) A u f h e b u n g d e s S t a t u t s. Das Statut behält, soferne es nicht von vornherein nur für einen bestimmten Zeitraum erlassen ist, bis zu seiner gesetzmäßigen Aufhebung dauernd Geltung.

Hinsichtlich der Aufhebung des Statuts gelten die gleichen Grundsätze wie bezüglich seiner erstmaligen Erlassung.

Die Aufhebung des Statuts hat eine Genehmigung der beiden Ministerien der Justiz und des Innern nicht zur Voraussetzung. Gegenteiligenfalles wäre das Selbstbestimmungsrecht der Gemeinden unter Umständen in Frage gestellt.

Nach der Aufhebung des Statuts kann die Gemeinde die Berufsvormundschaft in der Form des Art. 1 einführen. Einer vorübergehenden Aufhebung des Statuts kommt es gleich, wenn die Gemeinde die Entlassung aller ihrer Beamten hinsichtlich aller von ihnen bevormundeten Minderjährigen beantragt. Damit allein ist jedoch das Statut noch nicht als aufgehoben anzusehen. Denn der Eintritt der gesetzlichen Vormundschaft über weitere Minderjährige, in Ansehung derer die Voraussetzungen für den Eintritt der gesetzlichen Vormundschaft vorliegen, ist damit nicht ausgeschlossen. Die Ausschließung des Eintritts der gesetzlichen Vormundschaft kann nicht im Wege des Art. 7 herbeigeführt werden, sondern nur im Wege der Aufhebung des Statuts.

f) Hinsichtlich der Abänderung des Statuts gelten die gleichen Grundsätze wie für die erstmalige Erlassung. Auch die ein Statut abändernden Statuten bedürfen der Genehmigung der beiden Staatsministerien.

g) Ist einmal das Statut dahin erlassen, daß die Berufsvormundschaft für alle überhaupt in Betracht kommenden Minderjährigen eintreten soll, und hat es die erforderliche Genehmigung der zuständigen Stellen gefunden, dann ist für eine Entschließung der Gemeinde, oder für eine Verfügung des Beamten, daß in einem einzelnen Falle, oder für eine ganze Gruppe von Minderjährigen die gesetzliche Berufsvormundschaft nicht eintreten soll, kein Raum. Das folgt aus der Rechtsnatur des Statuts als einer auch die Gemeinde selbst bindenden Rechtsnorm. Die Gemeinde kann danach die Führung weiterer Vormundschaften nicht mit dem Hinweis darauf ablehnen, daß ihre Beamten mit der Führung von Vormundschaften zu sehr überlastet sind. Solchenfalls ist

a) zur Aufstellung weiterer Beamter zu schreiten,
b) die Bestellung eines anderen Vormundes anzuregen,
c) mit dem Vormundschaftsgerichte zu vereinbaren, daß in einem einzelnen Fall die gesetzliche Vormundschaft nicht eintreten soll (vgl. Bem. e S. 67),
d) die Entlassung der Beamten von der Führung der Vormundschaft über einzelne Minderjährige nach Art. 7 zu beantragen.

3. Über Gemeindebeamte vgl. die Bem. 4 zu Art. 1 S. 27 ff. Das Gemeindestatut kann, wie sich aus dem Wortlaute des Art. 2 ergibt, nur solche Beamte bezeichnen, die die Aufsicht über Minderjährige ausüben, die in einer von den Beamten ausgewählten Familie oder Anstalt erzogen oder verpflegt werden.

Die ziemlich erhebliche Zahl der in größeren Gemeinden durch den gesetzlichen Vormund zu bevormundenden Minderjährigen läßt die Vereinigung aller Berufsvormundschaften in der Hand eines einzigen Beamten als unmöglich erscheinen. Das Statut wird mit Rücksicht hierauf in den Regelfällen eine Mehrzahl von Beamten zu bestimmen haben. Nicht die sämtlichen im Statute bezeichneten Beamten sind gesetzliche Vormünder für die unter die Berufsvormundschaft fallenden Minderjährigen. Es liegt nicht eine Kollektivbevormundung oder Mitbevormundung vor. Gesetzlicher Vormund eines bestimmten Minderjährigen ist vielmehr immer nur derjenige Gemeindebeamte, dem die Ausübung der Aufsicht über diesen Minderjährigen zusteht.

4. Rechte und Pflichten

a) eines Vormundes:

α) Die Rechte und Pflichten des Vormundes bestehen im allgemeinen im folgenden:

Der Vormund hat das Recht und die Pflicht, für die Person und das Vermögen des Mündels zu sorgen, insbesondere den Mündel zu vertreten.

Die Sorge für die Person des Mündels umfaßt das Recht und die Pflicht, den Mündel zu erziehen, zu beaufsichtigen und seinen Aufenthalt zu bestimmen.

Gegenüber einer verheirateten Mündel beschränkt sich die Sorge des Vormundes für die Person auf die Vertretung in den die Person betreffenden Angelegenheiten.

In Ansehung des Vermögens obliegt dem Vormunde die Sorge für die ordentliche Verwaltung des Vermögens und für seine Erhaltung.

β) Die Rechte und Pflichten eines Vormundes erleiden eine Einbuße kraft gesetzlicher Vorschrift bei ehelichen Kindern, wenn die Mutter sich wieder verheiratet, und bei unehelichen Kindern, solange die Mutter lebt. In beiden Fällen steht der Mutter das Recht und die Pflicht zu, für die Person des Kindes zu sorgen. §§ 1696, 1697, 1707. Insoweit hat der Vormund nur die rechtliche Stellung eines Beistandes mit den in § 1689 BGB. bezeichneten Aufgaben.

Das gleiche gilt in Ansehung von Kindern aus nichtigen Ehen, wenn der Mutter die Nichtigkeit der Ehe bei der Eheschließung bekannt war und der Vater gestorben ist, oder seine elterliche Gewalt aus einem anderen Grunde geendigt ist (§ 1702 BGB.).

γ) Eine weitere Beschränkung der Rechte und Pflichten des Vormundes kann eintreten, wenn ihm nach dem Statute nur einzelne Rechte und Pflichten zukommen sollen (Teilbevormundung). Das Statut wird sich, falls es eine solche Beschränkung eintreten läßt, in den meisten Fällen damit begnügen, daß dem Vormunde die Sorge für die Person des Kindes und dessen Vertretung übertragen wird, um die Erziehung und die Verpflegung des Kindes und die Vorbildung zu einem Berufe sachgemäß gestalten zu können, was die Hauptaufgabe des Berufsvormundes bilden wird.

Aus dem Wirkungskreise des Berufsvormundes kann z. B. die Sorge für das Vermögen eines Minderjährigen, sowie dessen Vertretung ausgeschieden werden. Es braucht dem Vormund auch nicht die Sorge für die Person des Minderjährigen in ihrem ganzen Umfange übertragen zu werden. Auch hier wäre die Ausschließung einzelner Bestandteile, z. B. die Sorge für die religiöse Erziehung denkbar und zulässig.

Soweit dergestalt nach dem Statute eine Beschränkung der Rechte und Pflichten des Vormundes Platz greift, wird er keineswegs in die rechtliche Stellung eines Pflegers oder gar eines Beistandes gedrängt; es kommt ihm vielmehr die rechtliche Stellung eines Vormundes zu. Vgl. die Bem. 8a S. 50.

δ) Sollen dem Berufsvormunde nach dem Statute nur einzelne Rechte und Pflichten eines Vormundes zukommen (Teilbevormundung), so gilt die Vorschrift des Art. 6 Abs. 2, daß ein Gegenvormund nicht zu bestellen ist, nur im Verhältnis zum Berufsvormunde, nicht auch für den im Amte bleibenden Einzelvormund.

Auch die Befreiungen nach § 1852 Abs. 2 BGB. stehen nur dem Berufsvormunde zu, soweit er die Rechte und Pflichten eines Vormundes hat. Die Befreiungen nach § 1852 Abs. 2 sind übrigens für den gesetzlichen Vormund nur dann von Bedeutung, wenn ihm die Sorge für das Vermögen des Minderjährigen zusteht.

Enthält das Statut eine Bestimmung darüber nicht, daß dem Gemeindebeamten nur einzelne Rechte und Pflichten eines Vormundes zustehen sollen, dann spricht die Vermutung für Vollbevormundung.

b) Eines Pflegers:

Der Art. 2, der zwar ausdrücklich nur von der Vormundschaft spricht, gestattet auch die Einführung einer gesetzlichen Pflegschaft. Hiefür spricht nicht nur der Grundsatz des § 1915 BGB., wonach auf die Pflegschaft die für die Vormundschaft geltenden Vorschriften entsprechende Anwendung finden, soweit sich nicht aus dem BGB. ein anderes ergibt, sondern auch die Erwägung, daß in der Gestattung des maius der gesetzlichen Vormundschaft das minus der gesetzlichen Pflegschaft liegt. Andernfalls würde der Art. 136 EGzBGB. gerade die wichtigsten Fälle nicht treffen, in denen dem Inhaber der elterlichen Gewalt das Recht der Erziehung des Kindes durch eine Verfügung des Vormundschaftsgerichtes entzogen und das Kind auf Kosten der Armenpflege in einer Anstalt oder in einer anderen Familie als der elterlichen untergebracht wird. Für die Zulässigkeit der Einführung einer gesetzlichen Pflegschaft spricht auch die Entstehungsgeschichte des Art. 136 EGzBGB. Vgl. Planck, Bem. 1 lit. e zu Art. 136.

über die rechtliche Stellung des Pflegers vgl. §§ 1698, 1909, 1915 BGB. und die Bem. 5 S. 29 und 30.

Durch das Statut könnte ausgeschlossen werden, daß den Gemeindebeamten die Stellung eines gesetzlichen Pflegers zukommen soll.

c) Selbstverständliche Voraussetzung für die Übertragung der Rechtsstellung eines gesetzlichen Vormundes oder eines gesetzlichen Pflegers auf den Gemeindebeamten ist, daß nach den allgemeinen Vorschriften des BGB. §§ 1773, 1909 die Voraussetzungen für die Einleitung einer Vormundschaft oder Pflegschaft gegeben sind. Vgl. die Bem. c S. 33 ff.

Das Bestehen einer elterlichen Gewalt schließt also selbstverständlich die gesetzliche Vormundschaft des Berufsvormundes aus. Kinder, welche unter elterlicher Gewalt stehen, können nur insoferne in Betracht kommen, als für sie eine Pflegschaft nach § 1909 des BGB. angeordnet wird und das Gemeindestatut zuläßt, daß der Gemeindebeamte auch Pfleger wird; dies ist ausschließlich für die Fälle von Bedeutung, in denen dem Gewalthaber auf Grund des § 1666 des BGB. das Erziehungsrecht entzogen und einem Pfleger übertragen ist.

Für ein unter elterlicher Gewalt stehendes Kind kann dem Gemeindebeamten die rechtliche Stellung des Vormundes nur eingeräumt werden, wenn und soweit die Voraussetzungen vorliegen, unter denen trotz des Bestehens der elterlichen Gewalt, ein Vormund oder Pfleger bestellt werden kann.

Dem Beamten können die Rechte und Pflichten eines Vormundes nur insoweit übertragen werden, als sie einem Vormunde nach den allgemeinen Vorschriften des BGB. überhaupt zustehen. Dem Beamten kann die Stellung des Vormundes nur unbeschadet der Rechte des Elternteiles eingeräumt werden.

Liegen alle Voraussetzungen für den Eintritt der gesetzlichen Vormundschaft vor, abgesehen von dem der Vormundsbedürftigkeit, so ist gleichwohl für die gesetzliche Vormundschaft kein Raum. Das Vorliegen aller Voraussetzungen für den Eintritt der gesetzlichen Vormundschaft, übt, wenn das Erfordernis der Vormundsbedürftigkeit fehlt, auf eine bestehende elterliche Gewalt an sich allein nicht den geringsten Einfluß aus.

Die gegenteilige, namentlich von Klumker u. Petersen in den Schriften des Deutschen Vereins für Armenpflege und Wohltätigkeit, Heft 81 1. Bd. (Berichte) S. 36 ff. vertretene Rechtsanschauung, daß beim Vorliegen der Voraussetzungen für den Eintritt der gesetzlichen Vormundschaft jeder Inhaber elterlicher Rechte dem Berufsvormund weichen muß, wird hauptsächlich damit begründet, daß zu den gesetzlichen Voraussetzungen für den Eintritt der Berufsvormundschaft nicht die gehört, daß der Pflegling ein Mündel, ein der Bevormundung bedürftiger Minderjähriger ist, sondern nur, daß ein Minderjähriger vorhanden ist, der in einer von dem Gemeindebeamten ausgewählten und beaufsichtigten Familie oder Anstalt erzogen oder verpflegt wird.

Diese Rechtsanschauung übersieht, daß dem BGB. ein Verlust der elterlichen Gewalt nur aus dem in ihm selbst vorgesehenen Gründen bekannt ist, und daß zu diesen die Aufnahme eines Kindes in eine Familie oder Erziehungs- oder Verpflegungsanstalt nicht gehört. Sie übersieht ferner, daß das Reichsrecht der Landesgesetzgebung, soweit nicht Vorbehalte allgemeiner Natur in Betracht kommen, eine Durchbrechung der allgemeinen Vorschriften des BGB. nur in dem Umfange gestattet hat, als es das Gesetz mit klaren Worten sagt. Planck Bem. 1 lit. g; Recht 1904 S. 537; Oertmann S. 626 ff.; Stranz-Gerhard zu Art. 78 d. preußischen AGzBGB.

Von erheblicher praktischer Tragweite ist die Streitfrage bei der unehelichen Mutter, die die Sorge für die Person ihres Kindes hat, während der Vormund, soweit es sich um die Sorge für die Person des Kindes handelt, nur die rechtliche Stellung eines Beistandes hat. Es handelt sich also darum, ob auch dem gesetzlichen Vormunde der unehelichen Mutter gegenüber nur die rechtliche Stellung eines Beistandes in Fragen, die die Person des Mündels betreffen, zukommt. Die Frage ist dahin zu beantworten, daß der gesetzliche Vormund grundsätzlich keine andere Stellung einnimmt als der ehrenamtliche Einzelvormund. A. A. ZBlFG. VI S. 64; Jahrbuch 1907 S. 154, wo ausgeführt ist, daß, wenn der gesetzliche Vormund alle Rechte und Pflichten eines Vormundes hat, er auch das Recht und die Pflicht haben müsse, für die Person des Kindes zu sorgen, also auch das Recht zur Erziehung und Beaufsichtigung des Kindes und zur Bestimmung seines Aufenthalts, daß umgekehrt ein Vormund mit der rechtlichen Stellung eines bloßen Beistandes nur das Recht und die Pflicht habe, die Mutter zu unterstützen und zu überwachen, also nicht alle Rechte und Pflichten, sondern nur einzelne Rechte und Pflichten habe.

Dieser Anschauung kann nicht beigetreten werden. Auch der gesetzliche Vormund ist der mit dem Rechte der Sorge für die Person des Kindes ausgestatteten unehelichen Mutter gegenüber insoweit nur Beistand und ist, wenn dieser das Kind anderweit unterbringen will an ihre Zustimmung gebunden. Mißbräuchen der Kindsmutter kann durch Anordnungen nach § 1666 BGB. wirksam begegnet werden.

5. a) Voraussetzung für den Eintritt der gesetzlichen Vormundschaft ist in subjektiver Beziehung, daß ein Minderjähriger zu einer jener Gruppen von Minderjährigen gehört, die unter die Berufsvormundschaft fallen.

Das Statut kann nicht bestimmen, daß die gesetzliche Vormundschaft auch für einen Minderjährigen eintreten soll, der weder nach Reichsrecht (Art. 136 EGzBGB.), noch nach Landesrecht unter die Berufsvormundschaft fallen kann.

Über den Kreis der unter die Berufsvormundschaft fallenden Schützlinge vgl. die Bem. 7 S. 42 ff.

Wegen der Begriffe „Auswahl“ und „Aufsicht“ vgl. die Bem. b S. 43. Über den Einfluß der Heimat vgl. die Bem. d S. 47. Daselbst auch wegen der Ausländer S. 49. Über den

Begriff der Erziehung und Verpflegung, über Anstalten vgl. Bem. e S. 49.

b) Auch bei der gesetzlichen Berufsvormundschaft ist es nicht notwendig, daß die Anstalt oder die Familie im Bezirke der Gemeinde selbst gelegen sein bzw. wohnen muß, in der der Minderjährige erzogen oder verpflegt werden soll. Vgl. Bem. f S. 49 und 50.

c) Bezüglich des Verlustes der Möglichkeit der Beaufsichtigung ist das gleiche zu sagen wie bei Bem. g S. 50. Den aus einer Erschwerung oder aus einem gänzlichen Verlust der Beaufsichtigungsmöglichkeit infolge einer Verlegung des Aufenthaltsortes des Minderjährigen nach auswärts sich ergebenden Unzuträglichkeiten bei der Führung des Amts durch den Berufsvormund kann das Vormundschaftsgericht, anders als bei Art. 1, auch durch die Bestellung eines anderen Vormundes wirksam begegnen. Art. 2 Abs. 4. Vgl. auch Art. 4 und 7 und die Bem. i S. 68.

6. a) Liegen die Voraussetzungen vor, unter denen der Gemeindebeamte nach dem Statute die in diesem vorgesehenen Rechte und Pflichten eines Vormundes erlangt, so vollzieht sich der Eintritt der Vormundschaft auf Grund G e s e t z e s. Maßgebender Zeitpunkt für den Eintritt der Vormundschaft ist die Tatsache der Unterbringung eines Minderjährigen in einer von dem Gemeindebeamten ausgewählten Familie oder Anstalt.

Als Folgerungen aus dem gesetzlichen Eintritt der Vormundschaft ergeben sich:

α) Es entfällt die Bestellung eines Vormundes (Abweichung vom Bestellungsprinzip des BGB.), die Verpflichtung des Vormundes, die Anhörung des Gemeindewaisenrats. § 1779 BGB.

β) Die Rechte der sonst in erster Linie nach § 1776 BGB. zu Vormündern berufenen Personen auf Bestellung zum Vormund sind suspendiert; deren Rechte ruhen, solange die gesetzliche Vormundschaft dauert.

γ) Der Eintritt der gesetzlichen Vormundschaft kann seitens des Vaters oder der Mutter eines Minderjährigen durch letztwillige Verfügung nicht ausgeschlossen werden. § 1782 BGB.

δ) Die Rechte und Pflichten des bisherigen Einzelvormundes (nicht des nach Art. 1 bestellten Berufsvormundes; Bem. β S. 38) endigen kraft Gesetzes, soweit der Gemeindebeamte Rechte und Pflichten eines Vormundes erhält (Art. 5), ohne daß es seiner Entlassung bedürfte. Die Endigung der Rechtsstellung des bisherigen Vormundes tritt auch jenen Personen gegenüber ein, die durch die Eltern eines Minderjährigen oder durch das Gesetz in erster Linie zu Vormündern berufen waren.

Wegen der Benachrichtigung des bisherigen Vormundes von der Endigung seines Amts und wegen der Aufforderung zur Rechenschaftsablage vgl. § 27 VormO. Aufforderung zur Rechenschaftsablage unterbleibt, sofern dem

Der Eintritt der gesetzlichen Berufsvormundschaft kann nicht durch Beschwerde beim Vormundschaftsgericht oder dem übergeordneten Landgericht angefochten werden.

Die Anerkennung des Eintrittes der gesetzlichen Berufsvormundschaft seitens des Vormundschaftsgerichts kann jedoch insoferne Anlaß zur Beschwerde geben, als in ihr unter Umständen die Entscheidung des Vormundschaftsgerichtes gelegen sein kann, daß es von seiner Befugnis zur Bestellung eines anderen Vormundes einen Gebrauch nicht machen wolle. Das Vormundschaftsgericht hat nach dem Eingange der Anzeige vom Eintritte der gesetzlichen Vormundschaft pflichtgemäß zu prüfen, ob besondere Umstände vorliegen, die im Interesse des Mündels die Bestellung eines anderen Vormundes für geboten erscheinen lassen. Wenn nun das Vormundschaftsgericht nach Empfang der Anzeige durch eine Verfügung die Anerkennung der gesetzlichen Vormundschaft ausspricht, so enthält diese Verfügung die Entscheidung, daß es einen anderen Vormund nicht bestellen will. Gegen diese Entscheidung ist die Beschwerde nach § 57 Nr. 9 FGG. zulässig. Denn die Frage, ob an Stelle des Berufsvormundes ein anderer Vormund zu bestellen ist, ist eine die Sorge für die Person des Minderjährigen betreffende Angelegenheit. Diese muß jedenfalls dann angenommen werden, wenn z. B. das Eingreifen der öffentlichen Armenpflege als ungerechtfertigt angefochten werden soll und es sich darum handelt, den Minderjährigen aus der Anstalt oder der Familie, in der er durch den Berufsvormund untergebracht wurde, in die Erziehung und Verpflegung der Mutter zurückzubringen. Liegen aber Tatsachen vor, die das Eingreifen der Armenpflege als nicht gerechtfertigt darstellen, so ist auch die Bestellung eines anderen Vormundes im Interesse des Minderjährigen zur Wahrnehmung seiner Rechte geboten. Der Berufsvormund ist dazu in seiner Eigenschaft als Beamter der Armenpflege nicht geeignet. Die Anerkennung der Berufsvormundschaft würde daher in einem solchen Falle die Interessen des Minderjährigen verletzen. Jahrbuch 1907 S. 162, OLGRspr. Bd. 16 S. 24.

c) Ist es zweifelhaft, ob die Voraussetzungen für den Eintritt der gesetzlichen Vormundschaft gegeben sind, so empfiehlt es sich, daß möglichst noch vor dem Eintritte sämtlicher Voraussetzungen dem Vormundschaftsgericht eine vorläufige Mitteilung mit dem Ersuchen um schleunige Entscheidung gemacht wird. Auch die Einholung der Entscheidung der Gemeinde kann für den Gemeindebeamten unter Umständen geraten sein.

Wird eine Einigung zwischen dem Gemeindebeamten, der Gemeinde und dem Vormundschaftsgerichte nicht erzielt, so wird das Vormundschaftsgericht, falls es die Voraussetzungen für den Eintritt der Berufsvormundschaft nicht für gegeben erachtet, zur Bestellung eines Vormundes schreiten, wenn ein solcher noch nicht oder zurzeit nicht bestellt war, oder es wird unter Darlegung seiner Erwägungen zunächst beschlußfähig feststellen, daß es die gesetzliche Vormundschaft für nicht eingetreten erachtet. Dem Beamten oder der Gemeinde bleibt es vorbehalten, die

Aufhebung der in der Bestellung des Vormundes liegenden Verfügung oder der Entscheidung des Vormundschaftsgerichts im Wege der Beschwerde herbeizuführen. Der Fall einer sofortigen Beschwerde ist nicht gegeben. Es liegt weder der Fall der Nrn. 1, 3 noch der der Nr. 5 § 60 FGG vor. Das Beschwerderecht steht auch der Gemeinde selbst zu, weil ihr Recht, einen ihrer Beamten von der Führung der Vormundschaft nicht ausgeschlossen zu sehen, beeinträchtigt ist. § 20 FGG.

Wenn das Vormundschaftsgericht im Gegensatze zu dem Gemeindebeamten oder der Gemeinde den Eintritt der gesetzlichen Vormundschaft für gegeben erachtet, so wird es beschlußmäßig auszusprechen haben, daß und aus welchen Gründen es den Eintritt der gesetzlichen Vormundschaft für gegeben erachtet und daß demzufolge der Gemeindebeamte zur Führung der Vormundschaft gesetzlich verpflichtet ist. Die gegen diese Entscheidung zulässige Beschwerde ist, analog der aus § 60 Nr. 2 FGG. gegebenen, die sofortige Beschwerde. Das Beschwerderecht steht auch der Gemeinde selbst zu. Die Anwendung des Ordnungsstrafrechts wegen Nichtübernahme der Vormundschaft (§ 1788 BGB.) ist um deswillen ausgeschlossen, weil es sich bei der gesetzlichen Vormundschaft um die Übernahme eines Amts nicht handelt.

Erst wenn der Beamte nach dem Eintritte der Rechtskraft der Entscheidung des Vormundschaftsgerichts sich weigern sollte, eine Tätigkeit für den Mündel zu entfalten, kann zur Verhängung von Ordnungsstrafen geschritten werden.

d) Das Exzeptionelle der Stellung des gesetzlichen Vormundes gegenüber der des bestellten Berufsvormundes zeigt sich insbesondere in folgendem:

α) Der gesetzliche Vormund leitet seine Befugnisse nicht aus einer Bestellung durch das Vormundschaftsgericht ab. Er ist Vormund kraft Gesetzes. Er erhält keine Bestallung vom Vormundschaftsgericht ausgehändigt. Seine Verfügungsmacht hat er durch Vorlage eines Zeugnisses des Gemeindevorstandes nachzuweisen. Johow 22 A 217, Jahrbuch 1907 S. 149. Vgl. das Statut der Stadt Frankfurt a. O. S. 125.

β) Sowenig der gesetzliche Vormund bestellt wird, sowenig kann er, abgesehen vom Falle des Art. 7, entlassen werden. Die Entlassung wird ersetzt durch die Bestellung eines anderen Vormundes. Art. 2 Abs. 2.

γ) Durch die Bestellung als Vormund können vormundschaftliche Befugnisse immer nur einer bestimmten Person übertragen werden. Der gesetzliche Vormund kann dagegen im Statute ein für allemal durch seine amtliche Stellung bezeichnet werden. Rechte und Pflichten haften dann am Amte, sie gehen bei Veränderungen im Amte (Pensionierung, Beförderung) ohne weiteres auf den Stellvertreter oder den Amtsnachfolger des Beamten über. Recht 1904 S. 537, Crusen-Müller zu Art. 78, Preuß.

AGzBGB. Der Tod des Vormundes, etwa in seiner Person eintretende Unfähigkeits- oder Untauglichkeitsgründe sind dann ohne Einfluß auf die Vormundschaft wie bei der Anstaltsvormundschaft des Art. 100 AGzBGB. Über die rechtliche Stellung des gesetzlichen Vormundes im allgemeinen vgl. die Bem. 7 S. 36. Über seine Stellung im besonderen vgl. Anhang S. 80 ff.

e) Der von Gesetzes wegen erfolgende Eintritt der gesetzlichen Vormundschaft schließt die Ausschließung des Eintritts der gesetzlichen Vormundschaft durch eine Vereinbarung zwischen dem Vormundschaftsgericht und dem Gemeindebeamten nicht aus. Es kann nicht für unzulässig erklärt werden, wenn etwa in einem einzelnen Falle das Vormundschaftsgericht von vorneherein erklären würde, es solle die bisherige Vormundschaft trotz der bevorstehenden Aufnahme eines Minderjährigen in einer von dem Gemeindebeamten auszuwählenden Familie oder Anstalt fortdauern. Hiedurch würde das sonst notwendige Erlöschen des Amts des bisherigen Vormundes von vorneherein vermieden. Oertmann S. 628. Die Zulässigkeit eines solchen Vorgehens rechtfertigt die Erwägung, daß, wenn der Vormundschaftsrichter die Beendigung der gesetzlichen Vormundschaft durch die Bestellung eines anderen Vormundes herbeiführen kann, er auch in der Lage sein muß, den Eintritt der gesetzlichen Vormundschaft von vorneherein auszuschließen.

f) Der Eintritt der gesetzlichen Vormundschaft ist selbstverständlich ohne Einfluß auf die Zuständigkeit des Vormundschaftsgerichts. Er bewirkt nicht etwa den Übergang der vormundschaftsgerichtlichen Funktionen auf das Amtsgericht, in dessen Bezirk der Minderjährige untergebracht und beaufsichtigt wird oder der Gemeindebeamte wohnt. Abgabe der Vormundschaft aus wichtigen Gründen nach § 46 FGG. Vgl. Bem. c S. 24.

Hat der unter die Berufsvormundschaft fallende Minderjährige Geschwister, so wird der Gemeindebeamte nicht gesetzlicher Vormund für sämtliche Geschwister, sondern nur für denjenigen Minderjährigen, in Ansehung dessen die Voraussetzungen für den Eintritt der gesetzlichen Vormundschaft in objektiver und subjektiver Beziehung gegeben sind. In Ansehung der Geschwister bleibt dann der bisherige Vormund im Amte. (Abweichung von § 1775 BGB.)

Denkbar ist es danach, daß mehrere Geschwister unter die gesetzliche Vormundschaft verschiedener Berufsvormünder fallen.

g) Das Bestehen eines Familienrats (§§ 1858 ff. BGB.) hindert den Eintritt der gesetzlichen Vormundschaft nicht; umgekehrt ist auch der Eintritt der gesetzlichen Vormundschaft ohne Einfluß auf einen bestehenden Familienrat. Auch nach dem Eintritte der gesetzlichen Vormundschaft kann ein Familienrat eingesetzt werden. Dieser würde an die Stelle des Vormundschaftsgerichts treten. § 1872 BGB.

h) Eine bestehende gesetzliche Vormundschaft, zu der auch die Anstaltsvormundschaft des Art. 100 AGzBGB. zu zählen ist (vgl.

Einleitung Nr. I), schließt den Eintritt einer anderen gesetzlichen (Anstalts-)Vormundschaft aus. Würde z. B. ein unter die Anstaltsvormundschaft fallender Minderjähriger vor beendeter Erziehung von seiner unehelichen Mutter der Anstalt entnommen und in die mütterliche Familie gebracht, was beim Vorliegen der gesetzlichen Voraussetzungen den Eintritt der gesetzlichen Vormundschaft des Gemeindebeamten an sich zur Folge haben würde, oder ein unter die gesetzliche Vormundschaft fallender Minderjähriger verlegt seinen Aufenthalt nach auswärts und erfüllt dort die Voraussetzungen, unter denen die gesetzliche Vormundschaft eintreten würde, so würde gleichwohl die gesetzliche Vormundschaft des Gemeindebeamten oder die gesetzliche Vormundschaft des Beamten der anderen Gemeinde nicht eintreten. Der Eintritt der gesetzlichen Vormundschaft wirkt beendigend nur auf das Amt des bisherigen bestellten Einzelvormundes, nicht aber auf das Amt eines gesetzlichen Vormundes. Auch eine Konkurrenz zweier gesetzlicher oder einer Anstalts- und einer gesetzlichen Vormundschaft ist nicht denkbar, geradesowenig als die Bestellung eines Vormundes für einen Minderjährigen, für den schon ein Vormund bestellt ist.

Eine gesetzliche Vormundschaft ist auch neben der Berufsvormundschaft in der Form des Art. 1 ausgeschlossen. Vgl Bem. β S. 38.

In solchen und ähnlichen Fällen kann jedoch der Anstaltsvormund (Art. 100 Abs. 5 AGzBGB.) oder die Gemeinde (Art. 7) Antrag auf Bestellung eines anderen Vormundes oder auf Entlassung ihres Beamten stellen. Dem Eintritte der gesetzlichen Vormundschaft des Beamten oder des Beamten der anderen Gemeinde steht dann nichts mehr im Wege.

i) Ist die gesetzliche Vormundschaft einmal eingetreten, so ist ein Wegfall einer der Voraussetzungen, unter denen sie eingetreten ist (Verlust der tatsächlichen Möglichkeit zur Beaufsichtigung des Minderjährigen, Verlegung seines Aufenthaltsorts in den Bezirk einer anderen Gemeinde oder in das Ausland, Beendigung der Erziehung und Verpflegung) ohne Einfluß auf den Bestand der gesetzlichen Vormundschaft. Bestellung eines anderen Vormundes aber kann solchenfalls veranlaßt sein. Es steht jedoch nichts im Wege, wenn eine Gemeinde in ihrem Statute verfügen würde, daß sie von dem Augenblick an, in dem die Voraussetzungen wegfallen, unter denen die Berufsvormundschaft eingetreten ist, die Vormundschaft nicht weiter führe. Solchenfalls ist Anzeige an das Vormundschaftsgericht vom Wegfalle der Voraussetzungen veranlaßt. Mit dem Wegfalle der Voraussetzungen hat die gesetzliche Vormundschaft ihr gesetzliches Ende erreicht. Es ist jedoch dafür zu sorgen, daß der Mündel nicht ohne Vertreter ist.

k) Die Dauer der gesetzlichen Vormundschaft:

α) Die gesetzliche Vormundschaft dauert selbstverständlich nur bis zum Wegfalle der Bevormundungsbedürftigkeit (Tod des Minderjährigen, Todeserklärung, Volljährigkeit, Volljährigkeitserklärung, Eintritt in eine elterliche Gewalt, bei der Legitimation durch nachfolgende Ehe: Rechtskraft des Urteils, das die Vaterschaft des Ehemannes zu dem Mündel feststellt [nicht schon die Eheschließung selbst], oder Aufhebung der Vormundschaft durch das Vormundschaftsgericht). § 1883 BGB.

β) Der gesetzlichen Vormundschaft kann jedoch schon ein vorzeitiges Ende auf verschiedene Weise bereitet werden:

1. Das Vormundschaftsgericht macht von seiner Befugnis, einen anderen Vormund zu bestellen, Gebrauch. Art. 2 Abs. 4.
2. Die Gemeinde stellt Antrag auf Entlassung ihres Beamten oder auf Entbindung von seinen Rechten und Pflichten (Art. 7).
3. Ablauf der Zeit, für die das Statut erlassen ist.
4. Aufhebung des Statuts durch Beschluß der Gemeinde. Entschließt sich die Gemeinde, die Berufsvormundschaft in der Form des Art. 1 beizubehalten und soll der bisherige gesetzliche Vormund auch Berufsvormund nach Art. 1 für einen bestimmten Minderjährigen werden, so ist dessen Bestellung zum Berufsvormunde notwendig.

l) Die Dauer des Amts des gesetzlichen Vormundes.

Das Vormundschaftsrecht des BGB. kennt nur zwei Gründe für die Beendigung des Amts des Vormundes:

1. Einen gesetzlichen Endigungsgrund. Hieher gehören Tod des Vormundes, seine Todeserklärung, seine Entmündigung, gleichviel aus welchem Grunde sie erfolgt. § 1885. (S. 39.)
2. Entlassung.
   α) obligatorische Entlassung. § 1886 BGB.
   β) Fakultative Entlassung. §§ 1887 ff. BGB.

Vgl. hierüber im einzelnen die Bem. β auf S. 39, 40. Das Vorliegen eines gesetzlichen Endigungsgrundes endigt auch das Amt des gesetzlichen Vormundes. Dagegen versagt dem gesetzlichen Vormund gegenüber die Möglichkeit einer Entlassung von Amts wegen. Der gesetzliche Vormund kann nicht entlassen werden, sowenig er vorher bestellt zu werden brauchte. An die Stelle der obligatorischen Entlassung tritt teils das Recht der Gemeinde die Entlassung des Beamten zu fordern (Art. 7), teils die Befugnis des Vormundschaftsgerichts, einen anderen Vormund zu bestellen (Art. 2 Abs. 4). Die fakultative Entlassung des Vormundes wird ersetzt durch den Antrag der Gemeinde auf Entlassung ihres Beamten nach Art. 7.

Auch der gesetzliche Vormund führt gleich dem bestellten Berufsvormund die Vormundschaft nur auf die Dauer seines Amtes. Der Verlust des Amtes (infolge von Versetzung, Beförderung, dauernder oder vorübergehender Pensionierung, Dienstentlassung) bedeutet für ihn auch den Verlust der vormundschaftlichen Befugnisse. Der Verlust des vormundschaftlichen Amtes vollzieht sich kraft Gesetzes, wie ihm vorher die vormundschaftlichen Befugnisse wegen seiner amtlichen Stellung kraft statutarischer (gesetzlicher) Anordnung zugefallen waren.

Von allen Veränderungen im Amte, die den Verlust des vormundschaftlichen Amtes bedeuten, hat die Gemeinde oder der Beamte das Vormundschaftsgericht in Kenntnis zu setzen.

Soweit der Beamte nicht selbst das Amt des Vormundes bis zur Bestellung eines anderen Vormundes fortführen kann, obliegt der Gemeinde die Verpflichtung, dafür Vorkehrung zu treffen, daß die dringlichen Angelegenheiten durch entsprechende Beamte erledigt werden.

Endigt die dienstliche Eigenschaft des Beamten etwa wegen eingetretener Geschäftsunfähigkeit des Beamten, so braucht das Vormundschaftsgericht nicht etwa die Entschließung der Gemeinde über die Pensionierung des Beamten abzuwarten, bis es einen anderen Vormund bestellt.

Im Falle einer Reaktivierung des Beamten kann ihm seine frühere Stellung als gesetzlicher Vormund ohne weiteres wieder zufallen. Ob dies der Fall ist oder nicht, bestimmt sich ausschließlich nach dem Statute, insbesondere der Art wie hierin der Beamte bezeichnet ist, der das Amt eines gesetzlichen Vormundes haben soll. Ist er nur seiner amtlichen Stellung nach bezeichnet, so erlangt der Beamte mit der Wiedererlangung des Amts seine frühere Stellung als gesetzlicher Vormund, vorausgesetzt, daß die gesetzliche Vormundschaft als solche noch fortdauert.

Die Endigung des Amts des gesetzlichen Vormundes kann das Ende der gesetzlichen Vormundschaft über einen Minderjährigen überhaupt bedeuten, insoferne als das Vormundschaftsgericht etwa zur Bestellung eines anderen Vormundes schreitet. Sie bedingt dies aber nicht notwendig. Ist nämlich der gesetzliche Vormund ein für allemal seiner amtlichen Stellung nach bezeichnet (z. B. der jeweilige Vorstand eines Waisenhauses), so tritt der Stellvertreter oder Amtsnachfolger des jeweiligen Inhabers ohne weiteres in die Rechtsstellung eines gesetzlichen Vormundes ein. Veränderungen im Amte sind solchenfalls ohne Einfluß auf das Amt des gesetzlichen Vormundes. Der Stellvertreter des gesetzlichen Vormundes kann an dessen Stelle auch bei der Besorgung einer einzelnen Angelegenheit handeln, in Ansehung der der gesetzliche Vormund aus rechtlichen Gründen von der Vertretung eines Minderjährigen ausgeschlossen ist. Die Bestellung eines Pflegers ist solchenfalls nicht notwendig.

7. a) Die Bestimmung in Abs. 3 entspricht der für den Anstaltsvormund nach Art. 100 Abs. 4 des AGzBGB. geltenden Vorschrift.

Die Anzeigepflicht ist das Korrelat zu der dem Vormundschaftsgerichte nach § 1851 Abs. 1 BGB. obliegenden Verpflichtung, dem Gemeindewaisenrat die Anordnung einer Vormundschaft mitzuteilen. Die Verpflichtung des Vormundschaftsgerichts entfällt, weil bei der gesetzlichen Vormundschaft die Anordnung einer Vormundschaft nicht in Frage kommt.

b) Der Eintritt der gesetzlichen Vormundschaft führt die Beendigung des Amts des bisherigen Einzelvormundes (nicht des bestellten Berufsvormundes, vgl. Bem. β S. 38) ohne weiteres herbei. Eine Entlassung des bisherigen Vormundes aus dem Amte ist nicht erforderlich. Der Eintritt der gesetzlichen Vormundschaft vollzieht sich häufig ohne Kenntnis des Vormundschaftsgerichts. Deshalb ist die Mitteilung des Beamten an das Vormundschaftsgericht vom Eintritte der gesetzlichen Vormundschaft, sowie deren besondere Beschleunigung ausdrücklich geschrieben und zur Pflicht gemacht. Diese Mitteilung ist auch dann nicht entbehrlich, wenn etwa schon vorher zwischen dem Beamten der Gemeinde und dem Vormundschaftsgerichte Verhandlungen gepflogen wurden, die auf die Unterbringung des Minderjährigen in einer von dem Beamten ausgewählten und beaufsichtigten Familie oder Anstalt abgezielt haben. Denn über den genauen Zeitpunkt des Eintritts der gesetzlichen Vormundschaft, der sich an die Tatsache der Unterbringung knüpft, ist das Vormundschaftsgericht nicht unterrichtet. Das Gericht hat aber ein Interesse daran, den genauen Zeitpunkt des Eintritts der gesetzlichen Vormundschaft zu erfahren, um ermessen zu können, inwieweit und inwielange der bisherige Vormund die Legitimation zur Vertretung des Minderjährigen besessen hat.

Bevor der Beamte dem Vormundschaftsgerichte von dem Eintritt der gesetzlichen Vormundschaft Mitteilung macht, hat er sich pflichtgemäß zu vergewissern, ob die Voraussetzungen für die gesetzliche Vormundschaft tatsächlich alle gegeben sind. Eine Verletzung dieser Pflicht kann den Beamten unter Umständen haftbar machen. §§ 177, 179 BGB.

Die Anzeigepflicht würde auch ohne gesetzliche Bestimmung bestehen. Sie folgt daraus, daß das Vormundschaftsgericht über die gesamte Tätigkeit, auch des Berufsvormundes, die Aufsicht zu führen hat. Um hiezu imstande zu sein, muß es den Vormund kennen und daher berechtigt sein, die Namhaftmachung des Vormundes von der Gemeinde zu verlangen. Gehört dieser etwa zu jenen Personen, die nicht zum Vormunde bestellt werden können oder sollen (§ 1780 BGB.), so wird das Vormundschaftsgericht veranlaßt sein, einen anderen Vormund zu bestellen. Um aber entscheiden zu können, ob solche Gründe vorliegen, muß das Vormundschaftsgericht wissen, wer im einzelnen Falle das Amt des Gemeindevormundes inne hat.

Die Verletzung der Anzeigepflicht im allgemeinen, als insbesondere durch Unterlassung der Nennung des Namens des Gemeindebeamten, oder der Bezeichnung seiner amtlichen Stellung, berechtigt das Vormundschaftsgericht, zur Bestellung eines anderen Vormundes zu schreiten. OLGRspr. Bd. 10 S. 15; Jahrbuch 1907 S. 158.

Abgesehen hievon, wäre das Vormundschaftsgericht in einem solchen Falle auch befugt, bei der dem Gemeindebeamten vorgesetzten Behörde Dienstaufsichtsbeschwerde zu führen.

Daraus, daß der Gemeindebeamte mitzuteilen hat, wenn die Voraussetzungen für die Berufsvormundschaft in Ansehung eines Minderjährigen nach dem Statute eingetreten sind, ergibt sich, daß der Eintritt der gesetzlichen Vormundschaft weder von dem Eingange der Mitteilung beim Vormundschaftsgericht abhängig ist, noch daß die Mitteilung Bedingung für den Eintritt der gesetzlichen Vormundschaft ist.

c) Die Mitteilungspflicht obliegt dem Gemeindebeamten, nicht der Gemeinde. Eine Mitteilung seitens der Gemeinde würde jedoch die Mitteilung seitens des Beamten ersetzen.

Die Mitteilungspflicht besteht gegenüber dem Vormundschaftsgerichte, nicht gegenüber dem Amtsgerichte, das im Bezirke der Gemeinde seinen Sitz hat. Ist die Vormundschaft schon anhängig, so ist die Mitteilung an das Amtsgericht zu richten, bei welchem die Vormundschaft anhängig ist. Ist die Vormundschaft noch nicht anhängig, so ist die Mitteilung an das Amtsgericht zu richten, bei dem die Vormundschaft anhängig werden wird. Über die Zuständigkeit des Vormundschaftsgerichts vgl. Bem. 2 zu Art. 1. Im Fall eines noch schwebenden Kompetenzkonfliktes kann die Mitteilung bis zur Bestimmung des Vormundschaftsgerichts nach § 5 FGG. aufgeschoben werden. Es wird jedoch als unzulässig nicht betrachtet werden können, wenn die Mitteilung an eines der mehreren in Betracht kommenden Amtsgerichte gerichtet wird mit dem Ersuchen, die Mitteilung seinerzeit dem durch das Obergericht bestimmten Amtsgerichte zuzuleiten. Solchenfalls wird sich eine spätere Anfrage, ob dem Ersuchen Folge geleistet wurde, unter allen Umständen dringend empfehlen.

Muß das zuständige Vormundschaftsgericht erst durch die Landesjustizverwaltung oder durch den Reichskanzler nach § 36 Abs. 2 FGG. bestimmt werden, so erübrigt nichts, als mit der Mitteilung bis zur Bestimmung des Gerichtes zuzuwarten.

Schweben Verhandlungen zwischen zwei Amtsgerichten wegen der Übernahme der Vormundschaft, so darf dadurch die Mitteilung nicht verzögert werden. Die Mitteilung ist an das bisherige Vormundschaftsgericht zu richten.

Um der Mitteilungspflicht genügen zu können, muß sich der Gemeindebeamte genauestens darüber vergewissern, welches Amtsgericht als Vormundschaftsgericht zuständig ist; er muß auch, falls eine Vormundschaft noch nicht anhängig ist, die Tatsachen genauestens erheben, die für die Begründung der Zuständigkeit des Vormundschaftsgerichts maßgebend sind. Im Falle des Zuständigkeitsstreites, sowie im Falle der Bestimmung des Vormundschaftsgerichts durch die Landesjustizverwaltung oder durch den Reichskanzler hat sich der Gemeindebeamte durch Anfragen zu erkundigen, ob schon und in welchem Sinne die Entscheidung gefallen ist, damit er alsbald nach der Erlassung der Entscheidung das als Vormundschaftsgericht bestimmte Amtsgericht von dem Eintritte der gesetzlichen Vormundschaft benachrichtigen kann.

Die Anzeigepflicht obliegt dem Beamten auch gegenüber dem Gemeindewaisenrat; nicht das Vormundschaftsgericht hat den Gemeindewaisenrat nach dem Eingange der Mitteilung des Beamten seinerseits zu benachrichtigen. Eine etwaige Mitteilung des Vormundschaftsgerichts an den Gemeindewaisenrat entbindet den Gemeindebeamten von seiner Verpflichtung nicht. Die Mitteilung ist an jenen Gemeindewaisenrat zu richten, dem die Pflicht zur Überwachung des betreffenden Minderjährigen obliegt, also an den Gemeindewaisenrat, in dessen Bezirk die Unterbringung des Minderjährigen erfolgt ist. In den meisten Fällen wird die Anzeige an den Gemeindewaisenrat der eigenen Gemeinde zu richten sein. Ausnahmsweise kann jedoch in den Fällen, in denen z. B. das Kind in einer auswärts wohnenden Familie untergebracht ist, der Gemeindewaisenrat einer anderen Gemeinde zu benachrichtigen sein.

Da sich die Zuständigkeit des Gemeindewaisenrats nicht nach der Zuständigkeit des Vormundschaftsgerichts richtet (§ 1850 BGB.), kann die Mitteilung unter Umständen an den Gemeindewaisenrat erfolgen können, während sie an das Vormundschaftsgericht, etwa weil dieses noch nicht bestimmt ist, noch nicht erfolgen kann. In diesem Falle darf die Mitteilung an den Gemeindewaisenrat nicht solange aufgeschoben werden, bis die Mitteilung auch an das Vormundschaftsgericht erfolgen kann.

Wegen der späteren Mitteilung des Vormundes an den Gemeindewaisenrat über die Verlegung des Aufenthalts des Minderjährigen vgl. § 1851 Abs. 2 BGB.

d) Über die Form der Mitteilung ist in Abs. 3 nichts bestimmt. Schriftliche Mitteilung ist in allen Fällen empfehlenswert; jedoch genügt jede andere Form. Ist die Mitteilung an den Gemeindewaisenrat der eigenen Gemeinde zu richten, so steht einer telephonischen oder mündlichen Mitteilung nichts im Wege; daß die Mitteilung geschehen ist, sowie der Eingang der Mitteilung wird zu Zwecken der Kontrolle aktenmäßig zu machen sein.

e) Über den Inhalt der Mitteilung ist folgendes zu sagen. Sie muß auf alle Fälle alles Wissenswerte enthalten. Sie wird zu enthalten haben:

1. Den Namen des Minderjährigen, sowie die Familienverhältnisse;
2. die Angabe, daß die gesetzliche Vormundschaft eingetreten ist unter Darlegung der Umstände, die den Eintritt der gesetzlichen Vormundschaft zu begründen geeignet sind; z. B. ob es sich um ein Kostkind oder einen Zwangserziehungszögling oder um ein im Wege der Armenpflege untergebrachtes Kind handelt;
3. den Zeitpunkt, wann die gesetzliche Vormundschaft eingetreten;
4. in welcher Familie oder Anstalt der Minderjährige untergebracht ist;
5. den Namen des gesetzlichen Vormundes, seine amtliche Stellung;
6. ob dem Gemeindebeamten alle oder nur einzelne Rechte

und Pflichten eines Vormundes nach dem Statute zukommen. Empfehlenswert ist es, der Mitteilung einen Abdruck des Statutes beizulegen, weil die genaue Kenntnis des Statuts, für den Vormundschaftsrichter namentlich, von erheblicher Bedeutung ist, denn es obliegt ihm die Prüfung der Frage, ob nach dem Statute die gesetzliche Vormundschaft über einen Minderjährigen wirklich eingetreten ist, oder ob nicht etwa die Annahme des Beamten, daß die gesetzliche Vormundschaft eingetreten ist, irrtümlich ist.

f) Nach dem Eingange der Mitteilung des Beamten hat das Vormundschaftsgericht die Amtshandlungen vorzunehmen, die durch die Beendigung des Amtes des bisherigen Vormundes bedingt sind. (Berichtigung des Vormerkungsbogens, Einforderung der Bestallung und sonstiger Papiere [Vollstreckungstitel], Rechnungsablegung, Herbeiführung der Erteilung der Entlastung des bisherigen Vormundes, Aushändigung der Papiere an den gesetzlichen Vormund, Einweisung des gesetzlichen Vormundes in den Besitzstand des Mündels.) Eine Verpflichtung des gesetzlichen Vormundes hat nicht zu erfolgen, weil er sein Amt nicht aus einer Bestellung seitens des Vormundschaftsgerichts ableitet, er sie vielmehr kraft Gesetzes hat. Der Vormundschaftsrichter hat weiter, an der Hand des Statuts, das er sich verschaffen muß, zu prüfen, ob die Voraussetzungen für den Eintritt der gesetzlichen Vormundschaft überhaupt gegeben sind und zwar die reichsrechtlichen („Aufsicht“ und „Auswahl“) sowohl als die landesrechtlichen. Hinsichtlich der letzteren hat der Vormundschaftsrichter zu prüfen, ob ein Gemeindestatut überhaupt besteht, ob es richtig erlassen ist und ob es die vorgeschriebene Genehmigung gefunden hat, ob es nicht wieder aufgehoben worden oder durch Ablauf der Zeit, für die es erlassen war, unwirksam geworden ist, ferner, ob der Minderjährige, in Ansehung dessen die gesetzliche Vormundschaft in Anspruch genommen wird, unter eine jener Gruppen von Minderjährigen fällt, für die das Gemeindestatut die gesetzliche Vormundschaft eintreten läßt.

Die Hauptaufgabe des Vormundschaftsgerichts wird jedoch die sein, unter Abwägung aller Umstände im einzelnen Falle pflichtgemäß zu ermessen, ob nicht besondere Umstände vorliegen, die im Interesse des Minderjährigen die Bestellung eines anderen Vormundes geboten erscheinen lassen. Vgl. die Bem. auf S. 65. Solche besondere Umstände können persönlicher oder vermögensrechtlicher Natur sein. Im übrigen hat der Vormundschaftsrichter die gesetzlichen Gemeindevormünder weder anzuerkennen, noch ihnen die Anerkennung zu versagen, da sie kraft Gesetzes Vormünder sind. Johow 22 A 217.

Glaubt das Vormundschaftsgericht, daß aus irgendeinem Grunde die gesetzliche Vormundschaft nicht eingetreten ist, so wird das Gericht unter Darlegung seiner Erwägungen den Beamten, der die Führung der Vormundschaft für sich in Anspruch nimmt, hievon in Kenntnis zu setzen haben. Kann eine

Einigung zwischen dem Gericht und dem Beamten nicht herbeigeführt werden und beharrt das Gericht auf seiner bisherigen Ansicht, so wird es, wenn ein Vormund bisher noch nicht oder nicht mehr bestellt war, einen Vormund bestellen, andernfalls unter Belassung des bisherigen Vormunds im Amte beschlußmäßig feststellen, daß und aus welchen Gründen es den Eintritt der gesetzlichen Vormundschaft für nicht gegeben erachtet. Dem Beamten bleibt es dann überlassen, die Aufhebung des Beschlusses, oder der in der Bestellung des Vormunds liegenden Verfügung im Wege der Beschwerde herbeizuführen (einfache Beschwerde, nicht sofortige Beschwerde).

Zur Beschwerde ist auch die Gemeinde selbst berechtigt, weil ihr Recht, einen ihrer Beamten von der Führung der Vormundschaft nicht ausgeschlossen zu sehen, beeinträchtigt ist (§ 20 FGG.).

8. a) Nach dem Art. 136 Abs. 4 des EGzBGB. ist das Vormundschaftsgericht jederzeit in der Lage an Stelle des gesetzlichen Vormundes einen anderen Vormund zu bestellen. Dieser Einschränkung des Vorbehalts trägt der Abs. 4 des Art. 2 Rechnung (vgl. Art. 100 Abs. 5 des AGzBGB.).

Auch ohne besondere Vorschrift hätte das gleiche schon auf Grund des Art. 136 Abs. 4 EGzBGB. gegolten. Die Befugnis zur Bestellung eines anderen Vormundes hätte landesgesetzlich gar nicht ausgeschlossen werden können. Sie ist in gewissem Sinne das Korrelat zu der in Art. 7 getroffenen Bestimmung, daß die Gemeinde jederzeit die Entlassung des Gemeindebeamten aus seinem Amte fordern kann.

Der Art. 2 Abs. 4 gibt dem Vormundschaftsgerichte die Macht, das Ende der gesetzlichen Vormundschaft herbeizuführen, denn die Rechte und die Pflichten des Gemeindevormundes bestehen nur solange, als das Vormundschaftsgericht nicht einen anderen Vormund bestellt.

Die Befugnis des Vormundschaftsgerichts ist weder an einen Antrag des Beamten noch der Gemeinde gebunden.

Die Bestellung eines anderen Vormundes kann sich auch gegen den Willen der Gemeinde vollziehen.

Das Recht des Vormundschaftsgerichts ist zeitlich nicht begrenzt. Die Befugnis steht dem Vormundschaftsgerichte vielmehr jederzeit zu, mag nun der Pflegling sich noch in der ausgewählten Anstalt oder Familie befinden, oder mag seine Erziehung oder Verpflegung schon beendet sein.

Das Recht einen anderen Vormund zu bestellen, ist dem Vormundschaftsgericht gewahrt, gleichviel, ob dem Gemeindebeamten alle oder nur einzelne Rechte und Pflichten eines Vormundes zugekommen waren. Vgl. jedoch die Bem. h S. 80.

Die Befugnis des Vormundschaftsgerichts einen anderen Vormund zu bestellen, greift nur dem gesetzlichen Vormunde gegenüber Platz, nicht auch dem bestellten Berufsvormunde gegenüber. Die Möglichkeit, einen andern Vormund an Stelle des gesetzlichen Vormundes zu bestellen, ersetzt die Möglichkeit der Entlassung von Amts wegen, die dem gesetzlichen Vormunde gegenüber ausgeschlossen ist. Nur der bestellte Vormund, auch der bestellte Berufsvormund (Art. 1) kann entlassen werden, nicht aber der gesetzliche Vormund. Die Entlassung auf Antrag gemäß § 1889 BGB. wird ersetzt durch den Antrag der Gemeinde auf Entlassung des Beamten gemäß Art. 7.

b) Wenn auch die Befugnis des Vormundschaftsgerichts, einen anderen Vormund zu bestellen, durch das Gesetz selbst nach keiner Richtung hin eine Einschränkung erfahren hat, so darf doch die Entscheidung niemals nach Willkür, sondern nur nach pflichtgemäßem Ermessen getroffen werden. Maßgebend dürfen vielmehr immer nur Erwägungen und Gründe sachlicher Natur sein. Denn es ist zunächst davon auszugehen, daß die Gerichte eine einmal getroffene Einrichtung auch anerkennen. Sodann erfordert die Führung der Vormundschaft unter allen Umständen stabile Verhältnisse. Der Vormundschaftsrichter darf nur dann zur Bestellung eines anderen Vormundes schreiten, wenn die konkrete Sachlage Veranlassung dazu bietet, die Interessen des bevormundeten Kindes für gefährdet zu erachten. Solche Gründe können gegeben sein:

α) In der Person des Gemeindevormundes. Z. B. der Vormund kommt entweder aus persönlichen Gründen (Lässigkeit) oder aus dienstlichen Gründen (Überlastung) seiner Pflicht nicht nach. Z. B. der Name des Gemeindebeamten wird dem Vormundschaftsgerichte nicht namhaft gemacht. Vgl. Bem. b S. 71. Solchenfalls ist der Vormundschaftsrichter nicht erst gehalten, den Gemeindevormund vermöge des ihm zustehenden Ordnungsstrafrechts zur Erfüllung seiner Pflicht anzuhalten. Ferner: Eintritt der Geschäftsunfähigkeit des Beamten, die nicht auf Entmündigung beruht, Stellung unter vorläufige Vormundschaft, Konkurseröffnung (§ 1780 BGB.); oder der Gemeindebeamte gehört zu jenen Personen, die nicht zum Vormunde bestellt werden sollen oder können. § 1780 BGB. Die Bestellung eines anderen Vormundes ist immer dann gerechtfertigt, wenn die Führung des Amtes durch den Berufsvormund die Interessen des Mündels gefährdet, auch wenn es sich um bloße Zweckmäßigkeitsfragen handelt und dem Vormunde dabei ein pflichtwidriges Verhalten nicht zur Last fällt. RJA. V S. 219, ZBlFG. V S. 261.

β) In der Person des Mündels. Er tritt aus der Anstalt aus, verläßt die Familie, in der er bisher erzogen oder verpflegt wurde, er wird der Anstalt entfremdet, er verzieht dauernd in einen anderen Bezirk, dem Mündel fällt größeres Vermögen zu, dessen Verwaltung besser einem besonderen Vormund übertragen wird, das Gericht findet für den Mündel eine andere aus besonderen Gründen für die Führung der Vormundschaft besser geeignete Persönlichkeit.

γ) In Meinungsverschiedenheiten zwischen Gericht und dem Gemeindevormund. Z. B. der Vormund weigert sich, Anordnungen des Vormundschaftsgerichts auszuführen, mag er sich nun auf entgegenstehende Verfügungen des Gemeindevorstandes berufen oder nicht.

Es wäre zweifellos nicht der Absicht des Gesetzes entsprechend, wenn etwa der Vormundschaftsrichter z. B. auf Grund seiner allgemeinen Anschauung, daß ein protestantischer Vormund für katholische Mündel und umgekehrt untunlich ist, den gesetzlichen Vormund ablehnen und durch einen anderen ersetzen wollte. Das Gericht darf vielmehr einen anderen Vormund nur dann bestellen, wenn er aus dem einzelnen Falle die Überzeugung erlangt, daß die Fortdauer der gesetzlichen Vormundschaft den Interessen des Minderjährigen nicht entspricht, z. B. wenn der katholische Gemeindevormund ein protestantisches Kind in einer katholischen Familie unterbringen würde. Johow 22 A 217, Jahrbuch 1907 S. 149.

Ohne gesetzliche Unterlage wäre es auch, wenn der Vormundschaftsrichter zur Bestellung eines anderen Vormundes etwa um deswillen schreiten wollte, weil der Vater oder die Mutter eines Minderjährigen den Eintritt der gesetzlichen Vormundschaft letztwillig ausgeschlossen hätte. (§ 1782 BGB.) Ein solcher Ausschluß verbietet sich im Hinblick auf die Gesetzlichkeit der Institution der beruflichen Vormundschaft. Als unzulässig müßte es auch erachtet werden, wenn das Vormundschaftsgericht den Gemeindevormund etwa durch eine allgemeine Verfügung seines Amtes überhaupt entsetzen wollte. Denn das durch das Ortsstatut geschaffene Amt des Berufsvormundes ist eine vom Gerichte zu beachtende städtische Institution. Die Enthebung des Berufsvormundes durch eine allgemeine Verfügung und die dadurch bedingte Ersetzung des Berufsvormundes durch andere Vormünder für eine ganze Reihe von Vormundschaften würde eine Verletzung der durch das Statut der Stadtgemeinde erworbenen allgemeinen Rechte bedeuten. Die Enthebung von seinem Amte kann vielmehr immer nur für einen speziellen Fall und immer nur von Fall zu Fall erfolgen. OLGRspr. Bd. 6 S. 298.

Erachtet das Vormundschaftsgericht die Bestellung eines anderen Vormundes für im Interesse des Mündels gelegen, so wird die ihm eingeräumte Befugnis auch zur Pflicht.

c) Andererseits ist die Befugnis des Vormundschaftsgerichts keineswegs auf die Fälle beschränkt, in denen ein Vormund entweder auf seinen Antrag oder von Amts wegen durch das Vormundschaftsgericht nach Maßgabe der Vorschriften der §§ 1886—1889 BGB. zu entlassen ist. Die Bestellung eines anderen Vormundes kann vielmehr auch aus anderen als den für die Enthebung eines Vormundes maßgebenden Gründen erfolgen.

Es war bei den Verhandlungen über den Entwurf in der Kammer der Reichsräte angeregt worden, gesetzlich festzulegen, ob das Vormundschaftsgericht berechtigt sei auch aus anderen sachlichen als den im BGB. aufgeführten Enthebungsgründen einen anderen Vormund zu bestellen. Dieser Feststellung stand jedoch das Bedenken gegenüber, daß es sich hiebei um eine aus dem Reichsrecht übernommene gesetzliche Vorschrift handelt, der auf dem Wege der Landesgesetzgebung eine Ergänzung nicht gegeben werden kann, ohne daß in die Kompetenz der Reichsgesetzgebung eingegriffen wird. Bei der Entscheidung der Frage handelt es sich um eine Auslegung des Reichsrechtes.

d) Es ist Sache des Vormundschaftsgerichts oder des auf Beschwerde gegen den Beschluß des Vormundschaftsgerichts angerufenen Obergerichtes darüber zu befinden, ob in einem einzelnen Falle eine Veranlassung zur Bestellung eines anderen Vormundes vorliegt. Erachtet das Vormundschaftsgericht eine solche Veranlassung für gegeben, so hat es zur Bestellung eines anderen Vormundes zu schreiten. Vor der Bestellung eines anderen Vormundes empfiehlt es sich auf alle Fälle, den gesetzlichen Vormund zu hören, ebenso die Gemeinde selbst. Vor der Bestellung eines anderen Vormundes braucht das Vormundschaftsgericht nicht erst in einem besonderen Beschluß auszusprechen, daß es die Bestellung eines anderen Vormundes für veranlaßt halte oder diese vornehme. Das Gericht kann vielmehr gleich zur Bestellung eines anderen Vormundes schreiten. Der gesetzliche Vormund kann sich der Bestellung eines anderen Vormundes nicht einfach mit dem Hinweis darauf widersetzen, daß er gesetzlicher Vormund ist. Gegen die Bestellung eines anderen Vormundes steht ihm aber das Recht der Beschwerde zu. Die Beschwerde ist analog dem § 60 Nr. 3 FGG. die sofortige Beschwerde. A. A. Stranz-Gerhard zu Art. 78, der behauptet, daß es sich nicht um eine Entlassung handelt, sondern um den Fall, daß die Vormundschaft des Gemeindebeamten ein gesetzliches Ende findet. Gegenstand der Beschwerde ist die in der Bestellung eines anderen Vormundes liegende Verfügung. Eine andere, den gesetzlichen Vormund beschwerende Entscheidung liegt nicht vor. Gegen die Bestellung eines anderen Vormundes steht auch der Gemeinde selbst das Beschwerderecht zu. Letzteres ergibt sich aus der Natur der Berufsvormundschaft als einer städtischen Einrichtung. OLGRspr. Bd. 6 S. 298, Bd. 7 S. 205; Planck Bem. 1 lit. i zu Art. 136 EGzBGB.; Recht 1904 S. 537; Jahrbuch 1907 S. 154. Die Gemeinde hat ein Recht darauf, daß ihre Beamten nicht grundlos von der Führung der Vormundschaft ausgeschlossen werden, die ihnen nach dem Statut zukommt. § 20 FGG.

e) Die Wirkung der Bestellung eines anderen Vormundes besteht in der Endigung des Amts des Berufsvormundes. Das Amt des gesetzlichen Vormundes endigt erst mit der Bestellung des anderen Vormundes. Bis dahin bzw. bis zu dem Zeitpunkte, in dem der Berufsvormund von der Beendigung seines Amtes Kenntnis erhält oder sie kennen muß, ist der Berufsvormund zur Fortführung seines Amtes verpflichtet. § 1893 BGB.

Einer besonderen Entlassung des gesetzlichen Vormundes bedarf es nicht, sowenig es vorher seiner Bestellung bedurft hatte, mag nun der Fall der Vollbevormundung oder der der Teilbevormundung vorgelegen haben.

Von der Bestellung des neuen Vormundes hat das Gericht dem Gemeindebeamten und der Gemeinde (wegen des Aufsichtsrechts über ihre Beamten) unverzüglich Mitteilung zu machen, damit über die gesetzliche Vertretung des Minderjährigen keinen Augenblick ein Zweifel besteht. Aufforderung zur Rechenschaftsablage nach § 27 VormO., wenn der Gemeindebeamte die Sorge für das Vermögen des Minderjährigen hatte. Die Bestellung des neuen Vormundes vollzieht sich nach allgemeinen Grundsätzen: Es sind bei der Bestellung zunächst jene Personen zu berücksichtigen, die durch die Eltern oder durch das Gesetz in erster Linie dazu berufen sind und deren Rechte durch den Eintritt der gesetzlichen Vormundschaft einstweilen suspendiert waren. Vgl. Bem. f S. 27.

Soll der bisherige Vormund wieder als Vormund bestellt werden, so ist eine neue Bestellung und Verpflichtung erforderlich, weil sein bisheriges Amt durch den Eintritt der gesetzlichen Vormundschaft kraft Gesetzes erloschen ist.

f) Wesentlich verschieden von der Bestellung eines anderen Vormundes im Falle des Art. 2 Abs. 4 ist die Bestellung eines anderen Vormundes auf Antrag der Gemeinde nach Art. 7. Im Falle des Art. 7 bedarf es der Entlassung, weil es sich nicht um eine Endigung der Vormundschaft auf Grund Gesetzes handelt wie im Falle des Art. 2 Abs. 4.

g) Daraus, daß der Art. 2 Abs. 4 dem Vormundschaftsgerichte ausdrücklich die Befugnis erteilt, einen anderen Vormund zu bestellen, wird gefolgert, daß es dem gesetzlichen Vormunde die Vertretung des Minderjährigen für einzelne Angelegenheiten oder für einen bestimmten Kreis von Angelegenheiten nicht entziehen könne (§ 1796 BGB). Schriften d. deutschen Vereins für Armenpflege und Wohltätigkeit Heft 81 S. 26.

Diese Anschauung ist rechtsirrtümlich. Das Vormundschaftsrecht des BGB. erleidet grundsätzlich durch dieses Gesetz und durch den Art. 136 EGzBGB. Modifikationen nicht. Die Abweichungen von dem Vormundschaftsrechte, die das Gesetz über die Berufsvormundschaften und der Art. 136 EGzBGB. gestatten, beziehen sich nicht auf die Möglichkeit oder Unmöglichkeit, dem Vormunde die Vertretungsmacht zu entziehen. Daraus, daß das Vormundschaftsgericht dem Gemeindebeamten alle Rechte und Pflichten durch die Bestellung eines anderen Vormundes entziehen kann, folgt mit Notwendigkeit, daß es dem Berufsvormunde die Vertretung eines Minderjährigen auch für einzelne Angelegenheiten oder für einen bestimmten Kreis von Angelegenheiten entziehen, also eine partielle Ausschaltung vormundschaftlicher Funktionen vornehmen kann.

Der Art. 2 Abs. 4 begründet nur eine Befugnis des Vormundschaftsgerichts, nicht aber einen Zwang, die Bestellung eines anderen Vormundes vorzunehmen da, wo ein einfacheres Mittel zum Ziele führt. Es wäre gewiß ein sonderbares Ergebnis, wenn ein einfacher momentaner Interessengegensatz genügen sollte, die gesetzliche Vormundschaft als solche zu beseitigen.

Das Recht des Vormundschaftsgerichts, dem Vormunde für eine einzelne Angelegenheit oder für einen Kreis von Angelegenheiten die Vertretungsmacht zu entziehen, greift auch dem gesetzlichen Vormunde gegenüber Platz.

h) Waren dem Gemeindebeamten nur bestimmte Rechte und Pflichten zugekommen, lag also Teilbevormundung vor und soll auch diese endigen, weil das Vormundschaftsgericht es im Interesse des Minderjährigen für geboten erachtet, so ist nicht etwa ein anderer Vormund zu bestellen. Es findet lediglich eine Übertragung der dem bisherigen Vormund durch den Eintritt der gesetzlichen Vormundschaft entzogenen Rechte und Pflichten auf den neben dem gesetzlichen Vormund im Amt gebliebenen ehrenamtlichen Vormund statt (Art. 2 Abs. 4).

Das Vormundschaftsgericht hat nicht die Befugnis einen anderen Vormund zu bestellen in Ansehung der bisher dem gesetzlichen Vormund übertragen gewesenen Rechte und Pflichten. Denn die Rechte und Pflichten des Vormundes sollen sich wieder in einer Person vereinigen.

Die Übertragung der Rechte und Pflichten hat nicht eine neue Verpflichtung des bisherigen Vormundes zur Voraussetzung. Vgl. Bem. b S. 51.

Die Übertragung erfolgt durch Beschluß des Vormundschaftsgerichts, der dem bisherigen Vormunde mündlich zu Protokoll zu eröffnen oder zuzustellen ist.

Der Vormund kann sich der Übertragung nicht mit dem Hinweis darauf entziehen, daß er schon mehr als eine Vormundschaft (die Teilvormundschaft und eine weitere Vormundschaft) führe.

Anhang zu Art. 1 und 2.

Die Stellung des Berufsvormundes verdient in einzelnen Punkten noch des Näheren besprochen zu werden:

I. Seine Stellung zum Mündel.

Die Stellung des Berufsvormundes unterscheidet sich wenig von der des ehrenamtlichen Einzelvormundes. Der hauptsächlichste Unterschied ist der, daß sowohl der bestellte als der gesetzliche Vormund befreite Vormünder im Sinne des Art. 6 sind. Im übrigen aber stehen dem Berufsvormunde zur Erfüllung seiner Aufgaben keine anderen gesetzlichen Mittel zur Verfügung als dem Einzelvormunde. Seine Stellung regelt sich nach den Vorschriften des BGB. §§ 1793—1836. Geht schon die Verpflichtung des Einzelvormundes dessen privaten Interessen vor (OLGRspr. Bd. 4 S. 414), so gilt dies in noch höherem Maße vom Berufsvormunde, der nebenher noch kraft seines

Amtes zur gewissenhaftesten Erfüllung seiner Verpflichtungen gehalten ist. Die Führung der Vormundschaft erscheint als Ausübung der ihm in seiner amtlichen Eigenschaft anvertrauten öffentlichen Gewalt. Auch der Berufsvormund führt die Vormundschaft selbständig unter eigener Verantwortlichkeit. Das Vormundschaftsgericht ist auch ihm gegenüber nicht befugt, auf dem Umwege der Ausübung des Aufsichtsrechts unmittelbar in die Verwaltung einzugreifen.

1. Das Recht der Vertretung: Kraft dieses Rechts ist der Vormund berechtigt, im Namen des Minderjährigen sowohl in den persönlichen wie den Vermögensangelegenheiten Rechtsgeschäfte abzuschließen und in den Fällen, in denen das Gesetz die Wirksamkeit eines Rechtsgeschäftes von der Einwilligung oder Genehmigung des gesetzlichen Vertreters abhängig macht, die Einwilligung oder Genehmigung zu erteilen oder zu **versagen.**

a) Die Vertretungsmacht auch des Berufsvormundes ist ausgeschlossen

α) kraft Gesetzes;

1. bei einem Rechtsgeschäfte zwischen seinem Ehegatten oder einem seiner Verwandten in gerader Linie einerseits und dem Mündel andererseits, es sei denn, daß das Rechtsgeschäft ausschließlich in der Erfüllung einer Verbindlichkeit besteht;
2. bei einem Rechtsgeschäfte, das die Übertragung oder Belastung einer durch Pfandrecht, Hypothek oder Bürgschaft gesicherten Forderung des Mündels gegen den Vormund oder die Aufhebung oder Minderung dieser Sicherheit zum Gegenstande hat oder die Verpflichtung des Mündels zu einer solchen Übertragung, Belastung, Aufhebung oder Minderung begründet;
3. bei einem Rechtsstreite zwischen den in Nr. 1 bezeichneten Personen sowie bei einem Rechtsstreit über eine Angelegenheit der in Nr. 2 bezeichneten Art (§ 1795 BGB.);
4. in Angelegenheiten, für die ein Pfleger bestellt ist (§ 1794);
5. der Vormund kann nicht im Namen des Mündels mit sich im eigenen Namen oder im Namen eines Dritten ein Rechtsgeschäft vornehmen, es sei denn, daß das Rechtsgeschäft ausschließlich in der Erfüllung einer Verbindlichkeit besteht.

β) Die Vertretungsmacht des Vormundes ist ferner ausgeschlossen in einer Reihe von Angelegenheiten höchst persönlicher Natur, in denen das Gesetz eine Vertretung durch Dritte überhaupt nicht zuläßt. Hieher gehören die Fälle der §§ 1304, 1317, 1336, 1332—1335, 1337, 1358 I, III, 1595, 1598, 1599, 1728 I, 1728 II, 1729 III, 1731, 1437 I, 1511—1515, 1516 II, 1746 I, 1748 II, 1750, 1751, 1755, 2064,

2229, 2274, 2275, 2270, 2271, 2282, 2284, 2290 II, III, 2291 I, 2296, 2347 II, 2351, 2352, 2347.

γ) Bei einem Interessegegensatz (§ 1846 BGB.) zwischen dem Vormund und dem Minderjährigen fällt die gesetzliche Vertretungsmacht erst fort, wenn das Vormundschaftsgericht sie entzieht. § 1796 BGB.; OLGRspr. Bd. 10 S. 8; ObLG. Bd. 4 S. 378. Die Entziehung kann sich auf einzelne Angelegenheiten, oder auf einen bestimmten Kreis von Angelegenheiten erstrecken. Das Vormundschaftsgericht hat die Entziehung der Vertretungsmacht nur dann auszusprechen, wenn das Interesse des Mündels zu dem des Vormundes, oder eines von diesem kraft Gesetzes oder kraft Auftrags vertretenen Dritten oder einer der im § 1795 Nr. 1 bezeichneten Person in erheblichem Gegensatze steht, wobei es sich selbstverständlich nicht um einen Fall handeln darf, in dem die Vertretungsmacht des Vormundes ohnehin schon nach § 1795 BGB. ausgeschlossen ist. Der § 1796 betrifft nicht nur die Fälle, in denen ein Widerstreit der Interessen schon vorliegt, sondern auch auf solche, in denen ein Widerstreit nur möglich ist, in denen es also darauf ankommt, den Vormund an der Vornahme gewisser Handlungen für den Mündel zu verhindern, ohne daß zurzeit für die Bestellung eines Pflegers ein Bedürfnis besteht. Vgl. Planck zu § 1796 BGB.

Gegen die Entziehung der Vertretungsmacht einfache Beschwerde (§ 20 FGG.). Die Entziehung wird wirksam mit der Bekanntgabe an den Vormund.

Ist in den Fällen α und γ die Vertretungsmacht des Vormundes ausgeschlossen, so kann das Vormundschaftsgericht

α) gegenüber dem gesetzlichen Vormunde von seiner Befugnis, einen anderen Vormund zu bestellen, Gebrauch machen;

β) falls ein Bedürfnis dazu besteht, einen Pfleger zu bestellen, der selbst wieder ein Gemeindebeamter oder eine andere Person sein kann (vgl. die Bem. 5 S. 29; b S. 59). Bei der gesetzlichen Vormundschaft kann unter Umständen auch der Stellvertreter des Beamten an dessen Stelle eintreten;

γ) im Falle der Teilbevormundung durch den gesetzlichen Vormund, dessen Rechte und Pflichten, soweit er sie nicht ausüben kann, dem im Amte gebliebenen ehrenamtlichen Einzelvormund übertragen. Vgl. Art. 2 Abs. 4.

Mit dem Wegfalle des die Vertretungsmacht ausschließenden Umstandes tritt der Vormund nach der Aufhebung der Pflegschaft wieder in seine frühere Stellung ein.

b) In einer Reihe, hauptsächlich dem Gebiete der Sorge für das Vermögen angehörenden Fälle, erfährt die Vertretungsmacht des Vormundes eine Einschränkung dadurch, daß er an die Genehmigung des Vormundschaftsgerichts gebunden ist. Hieher gehören die Fälle der §§ 1437 II, 1484, 1492 III, 1549, 1714,

1728, 1729, 1750, 1755, 1770, 1803. Insbesondere gehören hieher folgende, dem engeren Gebiete des eigentlichen Vormundschaftsrechts angehörenden Vorschriften:

α) Der Vormund bedarf der Genehmigung des Vormundschaftsgerichts nach § 1821 BGB.:
1. zur Verfügung über ein Grundstück oder über ein Recht an einem Grundstücke;
2. zur Verfügung über eine Forderung, die auf Übertragung des Eigentums an einem Grundstück oder auf Befreiung oder Übertragung eines Rechtes an einem Grundstück oder auf Befreiung eines Grundstücks von einem solchen Rechte gerichtet ist;
3. zur Eingehung der Verpflichtung zu einer der in Nr. 1, 2 bezeichneten Verfügungen;
4. zu einem Vertrage, der auf den entgeltlichen Erwerb eines Grundstücks oder eines Rechtes an einem Grundstücke gerichtet ist.

Zu den Rechten an einem Grundstück im Sinne dieser Vorschriften gehören nicht Hypotheken, Grundschulden und Rentenschulden.

β) Der Vormund bedarf der Genehmigung des Vormundschaftsgerichtes nach § 1822 BGB.:
1. zu einem Rechtsgeschäfte, durch das der Mündel zu einer Verfügung über sein Vermögen im ganzen oder über eine ihm angefallene Erbschaft oder über seinen künftigen gesetzlichen Erbteil oder seinen künftigen Pflichtteil verpflichtet wird, sowie zu einer Verfügung über den Anteil des Mündels an einer Erbschaft;
2. zur Ausschlagung einer Erbschaft oder eines Vermächtnisses, zum Verzicht auf einen Pflichtteil sowie zu einem Erbteilungsvertrage;
3. zu einem Vertrage, der auf den entgeltlichen Erwerb oder die Veräußerung eines Erwerbsgeschäftes gerichtet ist, sowie zu einem Gesellschaftsvertrage, der zum Betrieb eines Erwerbsgeschäfts eingegangen wird;
4. zu einem Pachtvertrag über ein Landgut oder einen gewerblichen Betrieb;
5. zu einem Miet- oder Pachtvertrag oder einem anderen Vertrage, durch den der Mündel zu wiederkehrenden Leistungen verpflichtet wird, wenn das Vertragsverhältnis länger als ein Jahr nach der Vollendung des einundzwanzigsten Lebensjahrs des Mündels fortdauern soll;
6. zu einem Lehrvertrage, der für längere Zeit als ein Jahr geschlossen wird;
7. zu einem auf die Eingehung eines Dienst- oder Arbeitsverhältnisses gerichteten Vertrage, wenn der Mündel zu persönlichen Leistungen für längere Zeit als ein Jahr verpflichtet werden soll;

8. zur Aufnahme von Geld auf den Kredit des Mündels;
9. zur Ausstellung einer Schuldverschreibung auf den Inhaber oder zur Eingehung einer Verbindlichkeit aus einem Wechsel oder einem anderen Papiere, das durch Indossament übertragen werden kann;
10. zur Übernahme einer fremden Verbindlichkeit, insbesondere zur Eingehung einer Bürgschaft;
11. zur Erteilung einer Prokura;
12. zu einem Vergleich oder einem Schiedsvertrag, es sei denn, daß der Gegenstand des Streites oder der Ungewißheit in Geld schätzbar ist und den Wert von dreihundert Mark nicht übersteigt;
13. zu einem Rechtsgeschäfte, durch das die für eine Forderung des Mündels bestehende Sicherheit aufgehoben oder vermindert oder die Verpflichtung dazu begründet wird.

γ) Der Vormund darf nicht ohne Genehmigung des Vormundschaftsgerichts ein neues Erwerbsgeschäft im Namen des Mündels beginnen oder ein bestehendes Erwerbsgeschäft des Mündels auflösen. (§ 1823 BGB.)

Einseitige Rechtsgeschäfte, die ohne die erforderliche Genehmigung des Vormundschaftsgerichts vorgenommen werden, sind unwirksam. Für die Erbschaftsausschlagung kommt jedoch in Betracht, daß es genügt, wenn die Genehmigung des Vormundschaftsgerichts vor dem Eingange der Ausschlagungserklärung beim Nachlaßgericht erteilt worden ist. § 1945 BGB.; Recht 1903 S. 284.

Selbstverständlich hat das Vormundschaftsgericht die Genehmigung nur dem Vormunde gegenüber (§ 1828 BGB.), nicht der Gemeinde gegenüber zu erteilen. Letzterer steht im Falle einer Verweigerung der Genehmigung ein Beschwerderecht nicht zu. Nur der Vormund ist zur Beschwerde berechtigt.

c) Eine weitere Einschränkung erfahren die Rechte und Pflichten des Vormunds in jenen Fällen, in denen ihm gegenüber der Mutter eines Minderjährigen (der unehelichen oder der ehelichen im Falle ihrer Wiederverheiratung) in Ansehung der Sorge für die Person des Minderjährigen nur die rechtliche Stellung eines Beistandes zukommt. In diesen Fällen entstehen dem Vormunde nicht selten erhebliche Schwierigkeiten, namentlich bei der Frage der Unterbringung des Kindes und der Ausmittelung einer geeigneten Lehr- oder Dienststelle. Hinsichtlich der Frage der Unterbringung des Kindes wird in den meisten Fällen, namentlich dann, wenn die Mutter zu den Verpflegskosten nichts beizutragen in der Lage ist, eine Einigung mit der Mutter erzielt werden können. Mißbräuche können gegebenenfalls im Wege des § 1666 BGB. abgestellt werden.

Bei der Schließung eines Lehr- oder Dienstvertrages wird sich der Vormund immer die Zustimmung oder Genehmigung der Mutter sichern müssen, weil er sonst in die unangenehme Lage kommen kann, den geschlossenen Lehrvertrag um deswillen nicht einhalten zu können, weil die Mutter auf Grund ihres Erziehungsrechtes wünscht, daß ihr Kind sich einem anderen Berufe zuwendet, oder den bisherigen Beruf bei einem anderen Lehrherrn erlernt, oder weil sie das Kind überhaupt zu sich nehmen will. Unter Umständen kann der Vormund, wenn er die Beiziehung der Mutter unterläßt, dem Lehr- oder Dienstherrn schadensersatzpflichtig werden. Recht 1903 S. 308.

d) Die Ansammlung vieler Vormundschaften in der Hand des Berufsvormundes wird es mit sich bringen, daß er nicht alle einzelne Geschäfte selbst führen kann, daß ihm vielmehr zur Erledigung der Geschäfte eine größere oder geringere Anzahl von Unterbeamten beigegeben werden muß. Für den Berufsvormund ist es daher außerordentlich wichtig, inwieweit er sich zur Führung des Amts eines Stellvertreters bedienen kann. Folgende Grundsätze sind maßgebend:

α) Der Vormund kann grundsätzlich sein Amt als solches, sein Amt im ganzen nicht auf einen anderen übertragen;

β) er kann sich insoweit eines Stellvertreters nicht bedienen, als er selbst von der Vertretung des Minderjährigen ausgeschlossen ist;

γ) zulässig ist, daß der Vormund die Erledigung einer einzelnen Angelegenheit (Prozeßführung) auf einen anderen überträgt, soferne nur die Übertragung, was nach der Lage des Falls zu entscheiden ist, sich nicht als eine Pflichtwidrigkeit darstellt. Jahrbuch 1907 S. 164;

δ) ausgeschlossen ist eine Vertretung bei Rechtshandlungen, bei denen eine Vertretung im Willen in Betracht kommt, wo es also hauptsächlich auf die Einsicht des Vormundes, sein Ermessen, seine Willensentschließung als besonders maßgebende Faktoren ankommt (z. B. Erziehungsfragen, Fragen der Berufswahl, Eheschließung, Anfechtung der Ehe). Hesse S. 51 Bem. 7.

2. Die Sorge für die Person.

a) Nach §§ 1793, 1800 BGB. obliegt dem Vormunde die Sorge für die Person.

Die Sorge für die Person des Mündels umfaßt das Recht und die Pflicht, den Mündel zu erziehen, zu beaufsichtigen und seinen Aufenthalt zu bestimmen. § 1800.

Der Vormund kann kraft des Erziehungsrechts angemessene Zuchtmittel gegen den Mündel anwenden. Auf seinen Antrag hat das Vormundschaftsgericht ihn durch Anwendung geeigneter Zuchtmittel zu unterstützen. § 1631.

Gegenüber einer verheirateten Mündel beschränkt sich die Sorge des Vormundes für die Person auf die Vertretung in den die Person betreffenden Angelegenheiten. § 1633.

b) Das Erziehungsrecht gibt dem Vormunde das Recht, alle Mittel, die zur geistigen, moralischen und körperlichen Ausbildung des Mündels erforderlich erscheinen, anzuwenden.

Dem Vormund obliegt auch die religiöse Erziehung. § 1801. (Vgl. Art. 134 EGzBGB. Aufrechterhaltung der landesgesetzlichen Vorschriften über die religiöse Erziehung der Kinder.) Die Pflicht, das Kind bis zu einem gewissen Alter in einem bestimmten Glauben zu unterweisen, erstreckt sich grundsätzlich nur darauf, daß das Kind den Religionsunterricht seiner Konfession erhält. Über den Besuch der Schule einer anderen Konfession s. OLGRspr. 9 S. 463.

Dem Vormunde steht die Entscheidung darüber zu, welche Schule der Mündel besuchen soll und ob gegebenenfalls ein Wechsel der Schule geboten ist. OLGRspr. 7 S. 423. Es obliegt ihm ferner, den Beruf des Mündels zu bestimmen. Der Vormund hat kraft seines Rechts den Aufenthalt des Mündels zu bestimmen, einen klagbaren Anspruch auf Herausgabe des Kindes gegen jedermann, der ihm das Kind widerrechtlich vorenthält. §§ 1800, 1632 BGB.

Von der Aufsichtspflicht wird der Vormund nicht dadurch befreit, daß er die Erziehung des Mündels einem anderen überträgt. Vernachlässigung der Aufsichtspflicht macht den Vormund unter Umständen demjenigen gegenüber verantwortlich, dem der Mündel Schaden zufügt. (Schultetus S. 55; § 832 BGB.; vgl. auch Bem. c S. 98.)

c) Die ausschlaggebende Bedeutung, welche die Erziehung und die ordentliche Vorbildung zu einem Berufe für jeden hat, erfordert gebieterisch, daß der Berufsvormund in erster Linie erzieherisch auf die Mündel einwirkt. Gerade mit der Notwendigkeit einer geordneten Erziehung wird die Notwendigkeit der Berufsvormundschaft begründet, weil die Erfahrung gezeigt hat, daß gerade in erzieherischen Fragen die Einzelvormünder in den meisten Fällen versagt haben.

d) Auf dem Gebiete der Sorge für die Person bestehen Ausnahmen von dem Grundsatze der vollen Selbständigkeit des Vormundes. Diese Ausnahmen greifen auch gegenüber dem Berufsvormunde Platz. Die Ausnahmen betreffen

α) Die Ersetzung der Einwilligung des Vormundes in die Eheschließung. § 1304 Abs. 2 BGB.

β) Die Unterbringung des Mündels zum Zwecke der Erziehung in einer geeigneten Familie, einer Erziehungs- oder Besserungsanstalt. § 1838 BGB. An sich steht dem Vormund die Befugnis zu einer solchen Unterbringung außerhalb der Grenzen des Art. 135 EGzBGB. nicht zu. Diese Befugnis ist ausschließlich dem Vormundschaftsgerichte vorbehalten.

Dem gesetzlichen Vormunde gegenüber wird jedoch das Vormundschaftsgericht von seiner Befugnis Gebrauch zu machen viel seltener in die Lage kommen, weil der Eintritt der gesetzlichen Vormundschaft an sich schon an die Voraussetzung geknüpft ist, daß der Mündel zu Erziehungszwecken schon in einer Anstalt oder Familie untergebracht ist. Anordnungen im Sinne des § 1838 BGB. wird das Vormundschaftsgericht nur dann zu treffen brauchen, wenn es der Überzeugung ist, daß die Unterbringung des Minderjährigen in der vom Gemeindebeamten ausgewählten Familie oder Anstalt den Minderjährigen vor dem sittlichen Verfall nicht zu retten vermag oder daß die Erziehung, die der Mündel dort erfährt, nicht geeignet ist.

Die Anordnungen nach § 1838 BGB. können auch gegen den Willen des Gemeindebeamten erfolgen. Solchenfalls braucht nicht notwendig zur Bestellung eines anderen Vormundes geschritten werden. A. A. Schriften d. deutsch. Vereins für Armenpflege und Wohltätigkeit Heft 81 S. 26.

e) Dagegen kann dem gesetzlichen Vormunde gegenüber eine Entziehung der Sorge für die religiöse Erziehung nicht Platz greifen, wenn der Vormund nicht dem Bekenntnisse angehört, in dem der Minderjährige zu erziehen ist. Denn das Erfordernis der Gleichheit des religiösen Bekenntnisses trifft für den gesetzlichen Vormund nicht zu. Vgl. Bem. ζ S. 63. Anders ist die Sache gelagert, wenn etwa das Statut die Gleichheit des religiösen Bekenntnisses fordern sollte.

Selbstverständlich bleibt es dem Gericht unbenommen, einen anderen Vormund zu bestellen.

3. Die Sorge für das Vermögen.

Meist werden für die Berufsvormundschaft vermögenslose Mündel in Betracht kommen. Auch in Ansehung des Vermögens ist die Stellung des Vormundes frei und selbständig. Dem Berufsvormunde gewährleistet der Art. 6 gegenüber dem Einzelvormunde eine befreite Stellung.

In vermögensrechtlicher Beziehung obliegen dem Vormunde neben der allgemeinen Pflicht, das Vermögen des Mündels ordentlich zu verwalten und für die Erhaltung des Vermögens zu sorgen, folgende einzelne Verpflichtungen.

a) Der Berufsvormund hat wie jeder andere Vormund das Vermögen, das bei der Anordnung der Vormundschaft vorhanden ist oder später dem Mündel zufällt, zu verzeichnen und das Verzeichnis, nachdem er es mit der Versicherung der Richtigkeit und Vollständigkeit versehen hat, dem Vormundschaftsgericht einzureichen. § 1802 BGB.

b) Der Vormund darf Vermögen des Mündels nicht für sich verwenden. § 1805 BGB.

c) Der Vormund kann nicht in Vertretung des Mündels Schenkungen machen. Ausgenommen sind Schenkungen, durch die einer sittlichen Pflicht oder einer auf den Anstand zu nehmenden Rücksicht entsprochen wird. § 1804 BGB.

d) In Ansehung der Verwaltung des Mündelvermögens gelten folgende Vorschriften (§ 1807 BGB.):

α) Der Vormund hat das zum Vermögen des Mündels gehörende Geld verzinslich anzulegen, soweit es nicht zur Bestreitung von Ausgaben bereit zu halten ist.

Die Anlegung darf nur erfolgen:

1. in Forderungen, für die eine sichere Hypothek an einem inländischen Grundstücke besteht, oder in

sicheren Grundschulden oder Rentenschulden an inländischen Grundstücken;

Sicher ist eine Hypothek, Grundschuld oder Rentenschuld nur, wenn sie innerhalb der ersten Hälfte des Wertes des Grundstücks zu stehen kommt. Art. 92 AGzBGB.

2. in verbrieften Forderungen gegen das Reich oder einen Bundesstaat sowie in Forderungen, die in das Reichsschuldbuch oder in das Staatsschuldbuch eines Bundesstaats eingetragen sind;
3. in verbrieften Forderungen, deren Verzinsung von dem Reiche oder einem Bundesstaate gewährleistet ist;
4. in Wertpapieren, die als mündelsicher erklärt sind. Dies sind zurzeit die Schuldverschreibungen bayerischer Gemeinden mit Einschluß der Kreis- und Distriktsgemeinden sowie die Pfandbriefe der bayerischen Hypotheken- und Wechselbank, der süddeutschen Bodenkreditbank, der bayerischen Landwirtschaftsbank, der bayerischen Vereinsbank, der bayerischen Handelsbank in München, der Vereinsbank in Nürnberg sowie der pfälzischen Hypothekenbank in Ludwigshafen a. Rh., endlich die Schuldbriefe der bayerischen Landwirtschaftsbank für Gemeindedarlehen und die Kommunalobligationen der pfälzischen Hypothekenbank; vgl. ferner RGBl. 1901 S. 37, 263, 1902 S. 3, 1903 S. 275, 1905 S. 180;
5. bei allen öffentlichen Sparkassen, die von der zuständigen Behörde zur Anlegung von Mündelgeld für geeignet erklärt sind.

Zur Anlegung von Mündelgeld sind die sämtlichen bayerischen gemeindlichen und distriktiven Sparkassen sowie die ältere gräflich Castellsche Kreditkasse zu Castell für geeignet erklärt (Bek. vom 21. Dezember 1899 JMBl. 1900 S. 113).

Kann die Anlegung von Mündelgeld den Umständen nach nicht in der im § 1807 bezeichneten Weise erfolgen, so ist in Bayern das Geld nur bei der Reichsbank und der Kgl. Bayerischen Bank und deren Filialen anzulegen. § 1808 BGB.

Eine Privatbank ist in Bayern für mündelsicher nicht erklärt worden (§ 15 Abs. 5 VormO. v. 19. Januar 1900 JMBl. 1900 S. 190). Die Anlegung von Mündelgeld bei den amtsgerichtlichen Hinterlegungsstellen ist durch den Art. 76 Abs. 4 AGzGVG. in der Fassung des Art. 167 Nr. XXII AGzBGB. ausgeschlossen.

β) Der Vormund hat die zu dem Vermögen des Mündels gehörenden Inhaberpapiere nebst den Erneuerungsscheinen bei der Hinterlegungsstelle des Vormundschaftsgerichts oder bei der Reichsbank mit der Bestimmung zu hinterlegen, daß die Herausgabe der Papiere nur mit Genehmigung des Vormundschaftsgerichts verlangt werden kann. Den Inhaberpapieren stehen Orderpapiere gleich, die mit Blankoindossament versehen sind. § 1814 BGB. Von der Hinterlegungspflicht ist der Berufsvormund nicht befreit. Vgl. Bem. auf S. 111. Über die Hinterlegung vgl. im einzelnen §§ 18 ff. VormO.

Wegen der Hinterlegung vgl.: Die Hinterlegungsordnung vom 18. XII. 1899 (JMBl. S. 1057), die Hinterlegungs-Gebührenordnung vom 25. XII. 1899 (JMBl. S. 1074), die Ausführungsvorschriften zur Hinterlegungsordnung vom 28. XII. 1899 (JMBl. S. 1079), die Bek. vom 27. XII. 1899, die Errichtung von gemeinschaftlichen Hinterlegungsstellen betr. (JMBl. S. 1079), Bek. vom 28. XII. 1899, die Übertragung der Besorgung des gerichtlichen Hinterlegungswesens an die Kgl. Bank betr. (JMBl. S. 1115), Bek. vom 28. XII. 1899, die Besorgung des gerichtlichen Hinterlegungswesens durch die Kgl. Bank betr. (JMBl. S. 1116), Bek. vom 28. XII 1899, die Anlage der gerichtlichen Depositen bei der Kgl. Bank betr. (JMBl. S. 1121), Bek. vom 30. XII. 1899, das Reglement für die Hinterlegungsstellen der Kgl. Bank betr. (JMBl. S. 1124), Bek. vom 12. I. 1900 über die Erhebung der Hinterlegungsgebühren (JMBl. S. 301), Bek. vom 4. X. 1900, die gemeinschaftlichen Hinterlegungsstellen betr. (JMBl. S. 1167).

γ) Das Vormundschaftsgericht kann aus besonderen Gründen anordnen, daß der Vormund auch solche zu dem Vermögen des Mündels gehörende Wertpapiere, zu deren Hinterlegung er an sich nicht verpflichtet ist, sowie Kostbarkeiten des Mündels in der vorbezeichneten Weise zu hinterlegen hat. Die Hinterlegung von Zins-, Renten- oder Gewinnanteilscheinen ist nicht erforderlich. Das Vormundschaftsgericht kann aber ihre Hinterlegung anordnen und auf Antrag des Vormundes muß sie angeordnet werden. Dem Vormunde wird zur Vermeidung seiner Haftung dringend angeraten, die Couponsbogen zu hinterlegen, zumal ihre Hinterlegung nichts kostet. § 1818 BGB.

δ) Solange die hinterlegten Wertpapiere oder Kostbarkeiten nicht zruückgenommen sind, bedarf der Vormund zu einer Verfügung über sie und, wenn Hypotheken-, Grundschuld- oder Rentenschuldbriefe hinterlegt sind, zu einer Verfügung über die Hypothekenforderung, die Grundschuld oder die Rentenschuld der Genehmigung des Vormundschaftsgerichts. Das gleiche gilt von der Eingehung der Verpflichtung zu einer solchen Verfügung. § 1819 BGB.

Die zu einem hinterlegten Wertpapiere gehörenden Zins-, Renten- und Gewinnanteilscheine kann der Vormund, soweit sie fällig sind oder im Laufe der nächsten zwei Jahre fällig werden, ohne Genehmigung des Vormundschaftsgerichts erheben, sofern nicht das Vormundschaftsgericht ein anderes angeordnet hat.

e) Eine Einschränkung der Verwaltungsbefugnis enthält der § 1803. Danach ist der Vormund gehalten, das, was der Mündel von Todes wegen erwirbt oder was ihm unter Lebenden von einem Dritten zugewendet wird, nach den Anordnungen des Erblassers oder des Dritten zu verwalten, wenn solche Anordnungen von dem Erblasser durch letztwillige Verfügung, von dem Dritten bei der Zuwendung getroffen sind.

Wegen Abweichung von den Anordnungen vgl. § 1803 II, III.

II. Stellung gegenüber dem Vormundschaftsgericht.

a) Der gesetzliche wie der bestellte Berufsvormund steht wie jeder andere Vormund unter der Aufsicht des zuständigen Vormundschaftsgerichts. § 1837 BGB. An dem Aufsichtsrechte wird weder durch den Art. 136 EGzBGB. (OLGRspr. 6 S. 299) noch dadurch etwas geändert, daß der Berufsvormund als Beamter der Gemeinde regelmäßig der dienstlichen Aufsicht der Verwaltungsbehörde unterliegt. Diese dienstliche Aufsicht erstreckt sich nicht auf die Führung der Vormundschaft.

Die Aufsicht des Vormundschaftsgerichts erstreckt sich in erster Linie darauf, daß der Vormund die ihm im Gesetze ausdrücklich auferlegten Pflichten erfüllt und sich innerhalb der ihm durch das Gesetz gesetzten Schranken seiner Selbständigkeit hält; sie bezieht sich aber auch auf jedes andere pflichtwidrige Verhalten, das gegen treue und gewissenhafte Führung des Amts verstößt, mag es nun in Vorsatz oder Fahrlässigkeit bestehen. Über Pflichtverletzungen hinaus erstreckt sich die Befugnis des Vormundschaftsgerichts zum Einschreiten nicht, es ist nicht befugt, da, wo der Vormund unter Beobachtung der im Verkehr erforderlichen Sorgfalt handelt, sich selbst an dessen Stelle zu setzen. Bei Fragen bloßer Zweckmäßigkeit ist die Entscheidung des Vormundes ausschließlich maßgebend. Das Gericht kann ihm auch insoweit keine leitenden Anweisungen erteilen, der Vormund braucht sich nicht unter Aufopferung seiner Selbständigkeit der Ansicht des Gerichts zu unterwerfen. OLGRspr. Bd. 1 S. 336, Bd. 7 S. 125, 423; Hesse S. 136.

Pflichtwidrig handelt der Vormund insbesondere, wenn er gültige Anordnungen des Erblassers oder Dritter hinsichtlich der Verwaltung des dem Mündel letztwillig oder unter Lebenden von ihnen zugewendeten Vermögens (§ 1803 BGB.) nicht befolgt, wenn er Anordnungen des Vormundschaftsgerichts, die innerhalb der Grenzen seines Aufsichtsrechtes gegeben sind, unbeachtet läßt, wenn er von dem ihm zustehenden Ermessen nicht den pflichtmäßigen Gebrauch macht. Schultetus S. 143.

b) Gegen Pflichtwidrigkeiten des Vormundes hat das Gericht durch geeignete Gebote und Verbote einzuschreiten (§ 1837 BGB.) und zwar auch dann, wenn in einem einzelnen Falle Abhilfe nicht mehr geschaffen werden kann, mit Rücksicht auf die Gefahr, daß der Vormund unter gleichen oder ähnlichen Umständen wieder pflichtwidrig handeln würde. OLGRspr. 10 S. 12. Eine Pflichtwidrigkeit liegt nicht vor, wenn der Vormund aus Zweckmäßigkeitsgründen die Klage gegen den unehelichen Vater unterläßt, weil der Vater bisher ausreichend gezahlt hat und die Ausstellung einer vollstreckbaren Urkunde versprochen hat. ZBlFG. V S. 32, 329.

c) Das Vormundschaftsgericht kann auch den Berufsvormund zur Befolgung seiner Anordnungen durch Ordnungsstrafen anhalten. Die einzelne Strafe darf den Betrag von dreihundert Mark nicht übersteigen. Umwandlung der Strafe in Haft ausgeschlossen. § 33 FGG. Ordnungsstrafrecht ist auch nach der Beendigung des Amts zulässig (z. B. Rechnungslegung wird verzögert). OLGRspr. 10 S. 291; BayZfR. 1908 S. 155.

d) Auch der Berufsvormund hat dem Vormundschaftsgericht auf Verlangen jederzeit über die Führung der Vormundschaft und über die persönlichen Verhältnisse des Mündels Auskunft zu erteilen. § 1839 BGB.

e) Auch der Berufsvormund hat über seine Vermögensverwaltung dem Vormundschaftsgerichte Rechnung zu legen.

Die Rechnung ist jährlich zu legen. Das Rechnungsjahr wird von dem Vormundschaftsgerichte bestimmt.

Ist die Verwaltung von geringem Umfange, so kann das Vormundschaftsgericht, nachdem die Rechnung für das erste Jahr gelegt worden ist, anordnen, daß die Rechnung für längere, höchstens dreijährige Zeitabschnitte zu legen ist.

Die Rechnung soll eine geordnete Zusammenstellung der Einnahmen und Ausgaben enthalten, über den Ab- und Zugang des Vermögens Auskunft geben und, soweit Belege erteilt zu werden pflegen, mit Belegen versehen sein.

Wird ein Erwerbsgeschäft mit kaufmännischer Buchführung betrieben, so genügt als Rechnung eine aus den Büchern gezogene Bilanz. Das Vormundschaftsgericht kann jedoch die Vorlegung der Bücher und sonstige Belege verlangen. §§ 1840, 1841 BGB.

f) Gefährdet die Fortführung des Amts durch den Vormund das Mündelinteresse, so hat das Vormundschaftsgericht im Falle der gesetzlichen Vormundschaft zur Bestellung eines anderen Vormundes zu schreiten, im Falle der bestellten Berufsvormundschaft den Berufsvormund nach § 1886 von Amts wegen zu entlassen.

g) Beschwerderecht des Vormunds nach §§ 19, 20, 57 Nr. 9, 60 Nr. 3 FGG. Über das Beschwerdeverfahren vgl. §§ 21—29 FGG. Der Gemeinde selbst steht weder im Falle der bestellten Berufsvormundschaft noch im Falle der gesetzlichen Vormundschaft ein Beschwerderecht zu. Denn die Gemeinde ist an der Führung der Vormundschaft an sich nicht beteiligt. Auch ihr Dienstaufsichtsrecht erstreckt sich darauf nicht. Nicht zu verwechseln sind damit die Fälle, in denen es sich um das Amt des Berufsvormundes als solches handelt.

Hierher gehören namentlich die Fälle

α) daß der bestellte Berufsvormund durch das Vormundschaftsgericht nach § 1886 entlassen wurde (vgl. Bem. S. 40 a. E.;

β) daß das Vormundschaftsgericht einen anderen Vormund bestellt hat (vgl. Bem. d S. 78);

γ) daß der Antrag der Gemeinde (Art. 7) durch das Vormundschaftsgericht zurückgewiesen wurde (vgl. Bem. d S. 116;

δ) daß das Vormundschaftsgericht im Gegensatz zur Gemeinde den Eintritt der gesetzlichen Vormundschaft für gegeben oder nicht gegeben erachtet (vgl. Bem. c S. 65, 66).

In allen diesen Fällen steht der Gemeinde selbst ein selbständiges Beschwerderecht zu.

h) Die Anordnung einer Sicherheitsleistung nach § 1844 BGB. ist zwar theoretisch auch dem Berufsvormunde gegenüber zulässig, aber kaum praktisch. Die Sicherheit hat der Berufsvormund nicht aus privaten Mitteln zu leisten, weil er das Amt nicht als Privatperson, sondern als Beamter führt. Im Falle der Anordnung der Sicherheitsleistung kann die Bestellung eines anderen Vormundes beantragt werden. § 1786 Abs. 1 Nr. 6.

i) Abgesehen von den allgemeinen Mitteln, die dem Vormundschaftsgerichte zur Verfügung stehen, um seinen Anordnungen Geltung zu verschaffen und den Vormund zur gewissenhaften Erfüllung seiner Pflichten anzuhalten, steht dem Vormundschaftsgerichte die Befugnis zu, bei dem Gemeindevorstande wegen der Abstellung von Mißständen vorstellig zu werden oder Beschwerde zu führen. Über das Beschwerderecht der Behörden vgl. BayZfR. 2 S. 425.

III. Die Stellung zum Gemeindewaisenrat.

a) Die Vorschrift des § 1850 BGB., wonach der Gemeindewaisenrat in Unterstützung des Vormundschaftsgerichts darüber zu wachen hat, daß die Vormünder der sich in seinem Bezirk aufhaltenden Mündel für die Person der Mündel, insbesondere für ihre Erziehung und ihre körperliche Pflege, pflichtmäßig Sorge tragen, und wonach er dem Vormundschaftsgerichte Mängel und Pflichtwidrigkeiten, die er in dieser Hinsicht wahrnimmt, anzuzeigen und auf Erfordern über das persönliche Ergehen und das Verhalten eines Mündels Auskunft zu erteilen hat, gilt zweifellos an sich auch für den Berufsvormund. Es kommt indessen in Betracht, daß sowohl der Berufsvormund als der Gemeindewaisenrat Gemeindebeamte sind und daß die Gleichartigkeit ihrer öffentlichrechtlichen Stellung eine Überordnung des einen Beamten über den anderen ausschließt. Mit Rücksicht hierauf empfiehlt es sich, daß in dem Statute die Verhältnisse zwischen dem Gemeindewaisenrate und dem Berufsvormunde des näheren geregelt wird. Vgl. auch BayZfR. 1908 S. 155.

Bei einer nach Art. 1 eintretenden Berufsvormundschaft ist eine derartige statutarische Regelung ausgeschlossen.

Bei jeder der beiden Arten von Berufsvormundschaft darf ohne weiteres angenommen werden, daß sich grundsätzlich die

Überwachungsbefugnis des Gemeindewaisenrats nach § 1850 BGB. in das Recht und die Pflicht, den Berufsvormund bei der Ausübung seines Amts zu unterstützen, abschwächt.

b) Die Vorschrift des § 1851 Abs. 2 BGB., wonach der Vormund, wenn der Aufenthalt eines Mündels in den Bezirk eines anderen Gemeindewaisenrats verlegt wird, dem Gemeindewaisenrate des bisherigen Aufenthaltsorts die Verlegung mitzuteilen hat, gilt auch für den Berufsvormund.

c) Dagegen gilt die Vorschrift des § 1851 Abs. 1, wonach das Vormundschaftsgericht dem Gemeindewaisenrat die Anordnung der Vormundschaft, sowie einen in der Person des Vormundes eintretenden Wechsel mitzuteilen hat, nicht für die gesetzliche Vormundschaft. Denn bei ihr handelt es sich nicht um die Anordnung der Vormundschaft. Es hat vielmehr umgekehrt der Gemeindebeamte dem Gemeinewaisenrat den Eintritt der gesetzlichen Vormundschaft mitzuteilen. Vgl. Art. 2 Abs. 3. § 1851 Abs. 1 BGB. gilt aber für den nach Art. 1 bestellten Berufsvormund.

d) Über das Beschwerderecht des Gemeindewaisenrats gegen Verfügungen über die Sorge für die Person aus § 57 Nr. 9 FGG., wegen dessen Pflicht zur Überwachung der Vormünder vgl. ZBlFG. I S. 465.

IV. Die Stellung zur Dienstaufsichtsbehörde.

Der Gemeindevormund steht als Gemeindebeamter hinsichtlich seiner Amtsführung unter der Aufsicht der Verwaltungsbehörde. Er ist ihr nach öffentlich rechtlichen Grundsätzen haftbar (die Haftung des Beamten gegenüber der Gemeinde ist öffentlich rechtlicher Natur; Seydel II S. 693) und disziplinär verantwortlich.

Die Aufsicht der Verwaltungsbehörde hat sich zwar grundsätzlich nicht auf die Führung der Vormundschaft zu erstrecken. Dagegen ist es nicht ausgeschlossen, daß die Verwaltungsbehörde Anweisungen allgemeinen Inhalts an die Berufsvormünder erläßt.

Der Gemeindebeamte kann sich jedoch einer Anordnung des Vormundschaftsgerichts nicht mit dem Hinweis darauf entziehen, daß ihm seitens seiner Aufsichtsbehörde gegenteilige Weisungen zugegangen sind. Im Konfliktsfalle wird die Gemeinde die Bestellung eines anderen Vormundes zu beantragen haben.

V. Ansprüche des Vormundes.

a) Der Anspruch auf Vorschuß oder Ersatz für gemachte Aufwendungen; § 1835.

Ein solcher Anspruch wird bei der Berufsvormundschaft kaum jemals praktisch werden, und zwar deshalb nicht, weil es sich meist um vermögenslose Mündel handelt und weil der Gemeindebeamte etwaige Aufwendungen nicht aus eigenen Mitteln, sondern aus Mitteln der Gemeinde bestreitet.

Die Gemeinde hat ihrerseits keinen Rückgriff auf den Staat, weil sich eine Haftung des Staates für solche Aufwendungen rechtlich nicht begründen läßt.

Dagegen ist ein Rückgriff der Gemeinde gegen den Mündel, wenn er etwa späterhin zu Vermögen gelangen sollte, nicht ausgeschlossen, soferne es sich um ein Kind handelt, das im Wege der Armenpflege untergebracht worden ist, und soferne die gemachten Aufwendungen als Armenunterstützung zu erachten sind. Armenunterstützung ist nicht bloß im Sinne des Art. 7 ArmG. zu fassen. Darunter sind alle Aufwendungen zu verstehen, die den Armenpflegen in Erfüllung der denselben nach öffentlichem Rechte obliegenden Fürsorgepflichten erwachsen sind. Reger S. 7. Ebenso Rückgriff auf unterhaltspflichtige Verwandte. Die gesetzliche Grundlage für einen solchen Erstattungsanspruch ist in Art. 5 des Armengesetzes zu suchen.

Die Ansprüche sind im ordentlichen Rechtswege zu verfolgen (OLGRspr. Bd. 8 S. 361); sie unterliegen nicht der Festsetzung durch das Vormundschaftsgericht (Recht 1904 S. 450 Nr. 1842).

Nur bare Auslagen (Kosten für eine Reise, Portoauslagen) könnten in Betracht kommen, nicht aber Ansprüche wegen des Aufwandes an Zeit und Arbeitskraft des Vormundes.

b) Der Anspruch auf Vergütung; § 1836. Auch dieser Anspruch wird niemals praktisch werden, weil es sich durchweg um vermögenslose Mündel handeln wird.

Ob der Berufsvormund eine Vergütung überhaupt verlangen kann, bestimmt sich nach Landesrecht.

Aus dem öffentlich rechtlichen Charakter des Amtes eines Berufsvormundes wird übrigens mit Recht gefolgert, daß auch ohne ausdrückliche landesgesetzliche Vorschrift ein Recht auf Vergütung gegenüber dem Mündel nicht besteht.

Eine andere Frage ist es natürlich, ob und inwieweit der Gemeindebeamte eine Vergütung seitens der Gemeinde erhält. Hierüber entscheiden ausschließlich die Anstellungsverhältnisse. Seydel II S. 230.

c) Bei der Berufsvormundschaft muß auch der leidige Streit über die Tragung der Postgebühren verstummen. (Vgl. Recht 1904 S. 188; DJZ. 1904 S. 309, 393, 1905 S. 165, 299; ZBlFG. V S. 345, 356, 537, 859, VI S. 254.

Wegen der Neuregelung der Bestimmungen über die Postportofreiheit vgl.

1. das Gesetz vom 22. Dezember 1907, die Postportofreiheit betr., GVBl. 1081, 1082;
2. Kgl. Allerh. Verordnung vom 22. Dezember 1907, die Postportofreiheit und die Vergünstigungen im Telegramm- und Telephonverkehre betr., GVBl. 1082—1084;
3. Bekanntmachung vom 25. Dezember 1907, den Vollzug des Gesetzes über die Postportofreiheit vom 22. Dezember 1907, ferner der Kgl. Allerh. Verordnung über die Postportofreiheit und die Vergünstigungen im Telegramm- und Telephonverkehre vom gleichen Tage betr., GVBl. S. 1085—1140. Vgl. auch BayZfR. 1908 S. 65.

Von der Stellung des Beamten wird es abhängen, ob er zu jenen Organen zu rechnen ist, die auf Grund der Portoablösung Sendungen ohne Entrichtung der Porti und Gebühren, falls sie an bestimmte Empfänger innerhalb Bayerns gerichtet sind, abschicken können. Vgl. Anlage 6 (Verzeichnis II) der unter Nr. 3 erwähnten Bekanntmachung (GVBl. S. 1130). Soweit die Berufsvormünder nicht zu jenen Organen zu rechnen sind, ist eine Ergänzung des Verzeichnisses II veranlaßt. Gemeindewaisenräten kommt die erwähnte Berechtigung zu.

VI. Die Verantwortlichkeit des Vormundes.

a) Die Haftung des Berufsvormundes für die Ausübung der vormundschaftlichen Rechte und Pflichten richtet sich nach den allgemeinen Vorschriften des BGB. Daran ändert der Umstand nichts, daß für ihn die Führung der Vormundschaft eine Dienstpflicht ist. Die Wahrnehmung der vormundschaftlichen Befugnisse als einer Dienstpflicht schließt die privatrechtliche Verantwortung gegenüber dem Mündel nicht aus. Planck Bem. k zu Art. 136 EGzBGB. Im Gegenteil erfährt die privatrechtliche Verantwortlichkeit noch eine Steigerung dadurch, daß sie zur amtlichen Verantwortlichkeit wird.

b) Seine Verantwortlichkeit gegenüber dem Mündel.

1. Die grundlegende Bestimmung enthält § 1833.

„Der Vormund ist dem Mündel für den aus einer Pflichtverletzung entstehenden Schaden verantwortlich, wenn ihm ein Verschulden zur Last fällt."

Die Haftpflicht erstreckt sich nicht nur auf die vermögensrechtliche Angelegenheiten, sondern auch auf die Sorge für die Person.

α) Pflichtwidrig ist jedes Verhalten, mag es in einem Tun oder in einem Unterlassen bestehen, das gegen die Pflicht des Vormundes verstößt. Verschulden ist nicht nur Vorsatz, sondern jede Fahrlässigkeit (§ 276). Der Vormund haftet nicht nur für die Sorgfalt, die er in eigenen Angelegenheiten anzuwenden pflegt. Widerrechtlichkeit seiner Handlung ist nicht Voraussetzung für seine Haftung. Der Eintritt der Haftung setzt Kausalzusammenhang zwischen Schaden und Pflichtverletzung voraus. Eine Pflichtverletzung ist im allgemeinen keine unerlaubte Handlung im Sinne der §§ 823 ff. BGB.; sie kann aber unter Umständen den Tatbestand einer solchen erfüllen. Bei Mitbevormundung haftet nicht derjenige, den ein Verschulden nicht trifft, welcher im Falle einer Meinungsverschiedenheit der schädigenden Handlung widersprochen hat.

β) Im Falle der Übertragung eines vormundschaftlichen Geschäftes auf einen anderen haftet der Vormund nicht nach § 278 BGB. für das Verschulden des Beauftragten, sondern nur für ein Verschulden bei der Auswahl und wegen ungenügenden Anweisungen an den Beauftragten, ferner für ein schuldhaftes Unterlassen der Aufsicht. Die Übertragung der Erledigung einer einzelnen Angelegenheit kann sich unter Umständen allein schon als Pflichtwidrigkeit darstellen.

γ) Die Erteilung der vormundschaftsgerichtlichen Genehmigung bedeutet für sich noch keinen Wegfall der Haftung; sie kann jedoch unter Umständen die Annahme einer Fahrlässigkeit ausschließen. JW. 1904 S. 473.

δ) § 1833 regelt nur die Haftung gegenüber dem Mündel. Für den aus einer Pflichtverletzung einem Dritten etwa zugehenden Schaden bestimmt sich die Haftung nach den allgemeinen Grundsätzen des Rechts der Schuldverhältnisse.

ε) Bei einer Mitschuld des Mündels gilt § 254.

ζ) Die Geltendmachung der Haftung kann schon während des Bestehens der Vormundschaft erfolgen (§ 1843 II BGB.). Bestellung eines Pflegers; 30 jährige Verjährungsfrist (§ 195 BGB). Über Verjährung des Anspruches während der Dauer der Vormundschaft (§ 204 Satz 2 BGB.).

η) Über die Regelung des Verhältnisses, wenn für den dem Mündel zugefügten Schaden mehrere neben einander verantwortlich sind vgl. § 1833 II BGB.

ϑ) Wegen des Umfanges des zu ersetzenden Schadens vgl. §§ 249, 253 BGB.

ι) Im Falle, daß der Vormund Geld des Mündels für sich verwendet, regelt der § 1834 BGB. den Schadensersatz dahin, daß er es von der Zeit der Verwendung an zu verzinsen hat (4 % § 246). Geltendmachung weiteren Schadens nicht ausgeschlossen.

2. Im Gegensatze zu dem ehrenamtlichen Einzelvormunde kann gegenüber dem Berufsvormunde, gleichviel ob er bestellter oder gesetzlicher Vormund ist, eine weitere Haftung aus § 839 BGB. begründet sein. Während der Einzelvormund unfraglich ein Beamter nicht ist, steht dem Berufsvormund die Vormundschaft in seiner Eigenschaft als Beamter zu, kraft und für die Dauer seiner amtlichen Stellung. Die Führung der einzelnen Vormundschaft bildet einen Teil seiner Amtspflichten und erscheint als Ausübung der ihm in seiner amtlichen Eigenschaft anvertrauten öffentlichen Gewalt. Das Amt des Berufsvormundes hat öffentlich rechtlichen Charakter.

Voraussetzung der Anwendbarkeit des § 839 BGB. ist, daß die Verletzung einer Amtspflicht in Frage steht, die dem Beamten einem Dritten gegenüber obliegt. Im allgemeinen sind alle die Amtspflicht eines Beamten betreffenden gesetzlichen Vorschriften, die die Interessen Dritter berühren, als Vorschriften aufzufassen, durch welche eine Amtspflicht des Beamten auch gegenüber diesem Dritten begründet werden. Planck zu § 839. Bei der gesetzlichen Verantwortlichkeit des Vormundes (§ 1833 BGB.) steht zweifellos eine das Interesse eines Dritten berührende gesetzliche Vorschrift im eminenten Sinne in Frage. Wird die zivilrechtliche Verantwortlichkeit gegenüber einem Dritten, wie es beim Berufsvormunde der Fall ist, auch noch zur Amtspflicht erhoben, so ist die Amtspflicht auch gegenüber dem Dritten (dem Minderjährigen) begründet. Daß der Berufsvormund öffentlicher Beamter im Sinne des Landesstaatsrechts ist, bedarf einer weiteren Begründung nicht; nur Beamte können überhaupt Berufsvormünder werden. Daraus ergibt sich, daß § 839 BGB. auf den Berufsvormund Anwendung findet.

Die Ansprüche aus §§ 1833 und 839 BGB. konkurrieren. § 839 Abs. 1 und 3 lauten:

„Verletzt ein Beamter vorsätzlich oder fahrlässig die ihm einem Dritten gegenüber obliegende Amtspflicht, so hat er dem Dritten den daraus entstehenden Schaden zu ersetzen. Fällt dem Beamten nur Fahrlässigkeit zur Last, so kann er nur dann in Anspruch genommen werden, wenn der Verletzte nicht auf andere Weise Ersatz zu erlangen vermag.

Die Ersatzpflicht tritt nicht ein, wenn der Verletzte vorsätzlich oder fahrlässig unterlassen hat, den Schaden durch Gebrauch eines Rechtsmittels abzuwenden."

Im einzelnen kommt folgendes in Betracht:

α) Die Amtspflicht muß vorsätzlich oder fahrlässig verletzt sein. Vorsatz und Fahrlässigkeit brauchen nur hinsichtlich der Amtspflichtverletzung, nicht auch hinsichtlich des entstandenen Schadens vorhanden zu sein. Objektive Verletzung begründet für sich allein noch nicht Fahrlässigkeit. Die Nichtanwendung oder nicht richtige Anwendung gesetzlicher Vorschriften muß auf einem nicht entschuldbaren Irrtume beruhen. Nur dem Dritten, dem gegenüber der Beamte verpflichtet war, steht der Anspruch zu. Die Haftung des Beamten für Stellvertreter bestimmt sich nach § 831 BGB. Kausalzusammenhang zwischen Schaden und Amtspflichtverletzung muß gegeben sein.

β) Bei Fahrlässigkeit tritt nur subsidär die Haftung ein. Entweder muß ein Ersatzpflichtiger nicht vorhanden sein oder die Verfolgung des Anspruches muß wegen Vermögenslosigkeit nicht zum Ziele führen. Der Beweis der Fahrlässigkeit obliegt dem Beamten, der Beweis, daß Ersatz nicht zu erlangen war, dem Verletzten.

γ) Bei eigenem Verschulden des Verletzten gilt § 254 BGB. Mehrere Ersatzpflichtige haften als Gesamtschuldner. § 840 BGB.

δ) Der Wegfall der Ersatzpflicht nach § 839 Abs. 3 BGB. hat zur Voraussetzung, daß der Schaden durch ein Rechtsmittel hätte abgewendet werden können. Unter Rechtsmitteln sind alle Rechtsbehelfe zu verstehen, die auf dem Wege des behördlichen Instanzenzuges eine Beseitigung der verletzenden Verfügung ermöglichen (vgl. Staudinger zu § 839 BGB.). Die Unterlassung der Einlegung eines Rechtsmittels ist nur dann unbehelflich, wenn der Verletzte nach den Umständen des Falles ohne Fahrlässigkeit annehmen durfte, daß der Gebrauch des Rechtsmittels einen Erfolg nicht haben würde.

ε) Wegen der primären Haftung der Gemeinde vorbehaltlich des Rückgriffes (Art. 60, 61 AGzBGB.) vgl. Bem. VII S. 100. Wegen Vorentscheidung § 11 Abs. 2 EGzGVG., wonach die landesgesetzlichen Vorschriften unberührt bleiben, durch welche die Verfolgung der Beamten an die Vorentscheidung einer besonderen Behörde gebunden ist, ferner Art. 7 Abs. 2 des Gesetzes vom 8. August 1878, betr. die Errichtung eines Verwaltungsgerichtshofes und das Verfahren in Verwaltungsrechtssachen in der Fassung des Art. 165 AGzBGB. Wegen der Verjährung des Anspruches vgl. § 852 BGB.

Die ausschließliche Haftung der Gemeinde entfällt jedoch in folgenden Fällen:

1. Der Beamte haftet gegenüber einem Ausländer, welchem in Ermangelung des vom Gesetze geforderten Mindestgrades der Gegenseitigkeit von der Gemeinde die Entschädigung verweigert wird. Art. 60 Abs. 2 AGzBGB.
2. Der Beamte haftet für Schädigung eines Dritten durch Handlungen, die nur in Veranlassung der Ausübung (nicht in Ausübung) anvertrauter öffentlicher Gewalt vorgenommen sind, die also nicht wie Amtshandlungen eine Haftung der Gemeinde begründen. Art. 60 Abs. 1 AGzBGB.

Wegen der Vorentscheidung des Verwaltungsgerichtshofes vgl. Art. 7 Abs. 2 Satz 2 des Verwaltungsgerichtshofsgesetzes.

c) Seine Verantwortlichkeit gegenüber Dritten.

1. Diese kann sich gründen auf § 832 BGB., wonach ein kraft Gesetzes zur Führung der Aufsicht über eine wegen Minderjährigkeit der Beaufsichtigung bedürftige Person Verpflichteter zum Ersatze des Schadens verpflichtet ist, den diese Person einem Dritten widerrechtlich zufügt.

α) Dem Vormund obliegt im allgemeinen die gesetzliche Aufsichtspflicht. §§ 1800, 1794, 1915. Sie obliegt ihm nicht, wenn die Sorge für die Person eines Mündels einem anderen zusteht, z. B. der unehelichen Mutter, oder der ehelichen Mutter im Falle ihrer Wiederverehelichung. Die gesetzliche Aufsichtspflicht kann mehreren obliegen, z. B. dem Lehrherrn (vgl. §§ 127, 127a GewO. in der Fassung der Bekanntmachung vom 26. Juli 1900) oder dem Leiter oder Lehrer einer Anstalt, in der der Mündel untergebracht ist. Obliegt die Aufsichtspflicht mehreren, so haften alle nach Maßgabe des § 832; im einzelnen Falle kommt es aber darauf an, wer von den mehreren Personen die Aufsichtspflicht schuldhaft verletzt hat. Die Haftpflicht setzt voraus, daß die der Aufsicht unterliegende Person einem Dritten widerrechtlich Schaden zugefügt hat, wobei es nur auf objektive Widerrechtlichkeit ankommt, während Verschulden und Deliktsfähigkeit der beaufsichtigten Person auszuscheiden hat. Gefordert wird ferner Kausalzusammenhang zwischen Verschulden des Vormundes und dem eingetretenen Schaden.

β) Befreiung von der Haftung. Sie tritt ein, wenn die Aufsichtspflicht nicht schuldhaft vernachlässigt wurde. Begleitung auf Schritt und Tritt nicht erforderlich. JW. 1905 S. 21, RG. Bd. 52 S. 73. Das Maß der zu gestattenden freien Bewegung hängt von dem Alter, dem Bildungsgrad und dem Charakter des zu Beaufsichtigenden ab. Ermahnung und Anleitung zur ordnungsmäßigen Vorsicht, geordnete Kontrolle über die Befolgung der Anordnungen, der Nachweis der sonstigen guten Erziehung kann den Aufsichtspflichtigen entlasten. SeuffA. Bd. 57 S. 404, RG. Bd. 50 S. 60, JW. 1904 S. 202. Durch Beauftragung einer verlässigen Person mit der Aufsicht wird der Aufsichtspflicht genügt. Die Haftung tritt nicht ein, wenn der Schaden auch bei gehöriger Aufsichtsführung entstanden sein würde.

γ) Der Anspruch richtet sich gegen den Aufsichtspflichtigen. Mehrere Aufsichtspflichtige haften als Gesamtschuldner. Bei einer Verantwortlichkeit des zu Beaufsichtigenden selbst haften beide nach außen als Gesamtschuldner, im Verhältnis nach innen nur der Aufsichtspflichtige. Wegen eines Schadens, den sich der zu Beaufsichtigende selbst zugefügt hat, ist ein Anspruch aus § 832 BGB. nicht gegeben, er kann sich aber aus § 1833 BGB. ergeben.

δ) Hat ein Dritter die Führung der Aufsicht durch Vertrag übernommen, so haftet er in gleicher Weise wie der gesetzlich Aufsichtspflichtige. Dieser und der durch Vertrag zur Aufsicht Verpflichtete haften als Gesamtschuldner, ersterer jedoch nur, wenn er nicht durch den Vertrag seiner Aufsichtspflicht genügt hat. Im Verhältnis zwischen beiden nach innen ist der Inhalt des Vertrages maßgebend.

2. Ob dem Dritten ein Anspruch gegen den Beamten auf Grund des § 839 BGB. gegeben ist, hängt davon ab, ob die ordentliche Beaufsichtigung des Minderjährigen eine Amtspflicht ist, die dem Beamten auch einem Dritten gegenüber obliegt. Vgl. Bem. 2 S. 96. Die Pflicht zur Beaufsichtigung ist zweifellos eine gesetzliche Vorschrift, die das Interesse Dritter berührt; denn jeder hat ein Interesse daran, durch widerrechtliche Eingriffe eines Minderjährigen nicht verletzt zu werden. Ist die gesetzliche Pflicht zur Beaufsichtigung dem Beamten auch noch wie beim Berufsvormunde zur Amtspflicht gemacht, so ist die Amtspflicht auch Dritten gegenüber begründet. Es liegt also eine Konkurrenz der Ansprüche aus §§ 832, 839 BGB. vor. Vgl. im einzelnen Bem. 2 S. 96 insbesondere wegen der Haftung der Gemeinde, der Vorentscheidung und der Anspruchsverjährung Bem. ε S. 98.

3. Eine Haftung des gesetzlichen Vormundes kann auch nach § 179 BGB. begründet sein, wenn er schuldhaft oder fahrlässig

als gesetzlicher Vormund aufgetreten ist, ohne daß die Voraussetzungen dazu gegeben gewesen wären. Vgl. Bem. S. 63 a. E.

d) Seine Verantwortlichkeit gegenüber der Aufsichtsbehörde.

Abgesehen von der disziplinären Verantwortlichkeit des Beamten besteht auch eine Haftungsverbindlichkeit gegenüber der Gemeinde. Die Entscheidung über Haftungsverbindlichkeiten gehört, wie sich aus der rechtlichen Natur des öffentlichen Dienstverhältnisses ergibt, zur Zuständigkeit der Verwaltungsbehörden. Kahr II S. 56, Seydel II S. 693.

Über Vorentscheidung vgl. Art. 7 II des Gesetzes vom 8. August 1878, betr. die Errichtung eines Verwaltungsgerichtshofes und das Verfahren in Verwaltungsrechtssachen in der Fassung des Art. 165 AGzBGB.

VII. Die Haftung der Gemeinde.

Reichsrechtlich besteht eine solche Haftung nicht, dagegen landesgesetzlich auf Grund des Art. 77 EGzBGB., Art. 60, 61 AGzBGB. Eine Haftung des Staates für das Tun der Gemeindebeamten besteht nicht, mag auch ihre Bestätigung oder Anstellung durch den Staat erfolgt sein, mag auch ihre Amtsführung im Kreise staatlicher Interessen liegen. Oertmann zu Art. 60 AGzBGB., Dyroff S. 179. Der Fall, daß der Beamte unmittelbar als Organ des Staates wirkt (z. B. Standesbeamter) trifft auf den Berufsvormund nicht zu. Die Haftung besteht nur gegenüber der Gemeinde.

1. Voraussetzung der Haftung der Gemeinde ist, daß der Berufsvormund als Beamter nach § 839 BGB. haftet. Dies trifft bei dem Berufsvormunde zu. Vgl. die Bem. 2 S. 96, Bem. 2 S. 99. Der Umstand, daß der Beamte außer auf Grund des § 839 noch auf Grund anderer gesetzlicher Bestimmungen haftet (§§ 1833, 832 BGB.), vermag der Haftung der Gemeinde einen Abbruch nicht zu tun. Die Art der Stellung des Beamten macht nichts aus; es ist gleichgültig, ob er vorläufig oder endgültig, ob er entgeltlich oder unentgeltlich oder im Ehrenamte angestellt ist.

   Weitere Voraussetzung für die Haftung der Gemeinde ist, daß der Beamte seine Amtspflicht in Ausübung der ihm anvertrauten öffentlichen Gewalt verletzt. Handlungen des Beamten, die nur in Veranlassung der Ausübung der öffentlichen Gewalt vorgenommen wurden, die sohin nicht Amtshandlungen sind, begründen auch keine Schadensersatzpflicht der Gemeinde; eine Haftung besteht für solche Handlungen ausschließlich gegenüber dem Beamten selbst. Die Haftung der Gemeinde muß gegründet werden können auf Handlungen (Unterlassungen) des Beamten im obrigkeitlichen Wirkungskreise, d. h. auf eine Amtstätigkeit, die unmittelbar auf Verwirklichung von öffentlichen (Gemeinde-)Zwecken gerichtet und zur Erfüllung dieser Aufgaben mit gewissen Zwangsbefugnissen ausgestattet ist. Dyroff S. 181. Das Amt des Berufsvormundes hat öffentlichrechtlichen Charakter. Die Berufsvormundschaft ist eine gemeindliche Institution, sie dient der Verwirklichung gemeindlicher Zwecke. Die Ausstattung des Amts mit Zwangsbefugnissen zeigt sich in der Ausschließung der Rechte anderer auf das Amt des Vormundes. Die Ausübung einer öffentlichen Gewalt ist demnach bei dem Berufsvormunde gegeben.

2. Der Beamte wird dem Verletzten gegenüber vollständig entlastet, doch unterliegt er dem Rückgriffe der Gemeinde. Abs. 4 d. Art. 60 AGzBGB. Der Regreß geht auf das, was die Gemeinde dem Verletzten hat leisten müssen. Verjährung des Regreßanspruches. § 852 BGB., Art. 60 IV AGzBGB.

3. Über die Haftung der Gemeinde, ohne daß eine Verantwortlichkeit (Verschulden) des Beamten gegeben wäre, vgl. Art. 61 AGzBGB. Wegen des Wegfalls der Haftung gegenüber Ausländern vgl. Art. 60 Abs. 2 AGzBGB.

4. Wegen der Vorentscheidung vgl. Art. 7 Abs. 2 des Ges. v. 8. August 1878 betr. die Errichtung eines Verwaltungsgerichtshofes usw. in der Fassung des Art. 165 AGzBGB. Über die Zuständigkeit der Landgerichte vgl. Art. 26 Nr. 2 AGzGVG.

Vgl. hiezu auch Böhm-Klein zu Art. 60, 61 AGzBGB.

VIII. Gebührenrechtliches.

Die Bestimmungen des Gebührengesetzes Art. 83 ff. in der Fassung der Bekanntmachung vom 28. April 1907, die Redaktion des Gesetzes über das Gebührenwesen betr. (GVBl. 1907 S. 395) erfahren weder durch dieses Gesetz noch etwa stillschweigend eine Änderung. Im Hinblick auf die Vermögenslosigkeit der meisten unter die Berufsvormundschaft fallenden Minderjährigen wird meist eine Gebühr nicht zur Erhebung gelangen. Art. 83 Abs. 3, 84 Abs. 3 GebG.

Artikel 3.

Vormundschaft bei unehelichen Kindern insbesondere.

Die Vorschriften der Artikel 1, 2[1]) gelten bei unehelichen Minderjährigen auch dann, wenn diese unter der Aufsicht der Gemeindebamten in der mütterlichen Familie[2]) erzogen oder verpflegt werden.[3])

1. Die Vorschrift beruht auf dem Art. 136 Nr. 2 des EG. und enthält nur die Wiedergabe dieser Bestimmung.

Die reichsgesetzliche Voraussetzung für die Einführung der Berufsvormundschaft ist, daß ein Gemeindebeamter die Anstalt oder die Familie, in der der Mündel erzogen oder verpflegt wird, auswählt und beaufsichtigt. Für uneheliche Kinder ist dies Erfordernis dahin abgeschwächt, daß es genügt, wenn sie in der eigenen mütterlichen Familie unter der Aufsicht des Beamten erzogen oder verpflegt werden.

Bei unehelichen Kindern (vgl. Bem. c auf S. 44) entfällt also das Erfordernis, daß das uneheliche Kind in einer Familie oder Anstalt zu Erziehungszwecken untergebracht wird, sowie das Erfordernis der Auswahl einer Familie durch den Gemeindebeamten. Dagegen muß das Erfordernis der Beaufsichtigung durch den Gemeindebeamten auch bei unehelichen Kindern gegeben sein.

Die Befugnis zur Beaufsichtigung ist gegenüber den mit Unterstützung der Armenpflege erzogenen und verpflegten Kindern gegeben vgl. Art. 11 Nr. 4 ArmG. in der Fassung der Bekanntmachung vom 30. Juli 1899; vgl. ferner die Bem. auf S. 45.

Über Aufsicht vgl. die Bem. b S. 43, 44.

2. Begriff der mütterlichen Familie.

a) Der Begriff ist gegeben, wenn sich das Kind bei der unverehelichten unehelichen Mutter aufhält, die Mutter einen eigenen Haushalt führt (die Mutter ist z. B. Näherin, Büglerin), mag sie nun mehr Kinder haben oder nicht. Es tut nichts zur Sache, wenn die Mutter den größeren Teil des Tages, etwa auswärts ihrem Berufe (als Zugeherin, Wäscherin, Beschließerin, Fabrikarbeiterin usw.), nachgeht und während dieser Zeit die Beaufsichtigung ihres Kindes anderen überläßt. Dagegen kann von Erziehung und Verpflegung in der mütterlichen Familie dann nicht mehr gesprochen werden, wenn das Kind nur vorübergehend zur Mutter gebracht wird, während es die übrige Zeit anderen zur Erziehung und Verpflegung überlassen ist. Das entscheidende Kriterium ist, ob im einzelnen Fall noch davon gesprochen werden kann, daß die Mutter selbst die Hauptfürsorge der Erziehung oder Verpflegung hat.

b) Unter mütterlicher Familie ist auch die durch die Mutter vermittelte Familie zu verstehen. Es kommt in Betracht:

α) Die großelterliche Familie, mag nun die uneheliche Mutter selbst noch diese Familie teilen oder nicht (z B. die uneheliche Mutter ist tot, oder auswärts in Stellung).

β) Die Stiefvaterfamilie. Dies ist jedenfalls nicht zweifelhaft, solange die uneheliche Mutter lebt. Aber auch nach dem Tode der unehelichen Mutter oder nach ihrem sonstigen Ausscheiden aus der Familie des Stiefvaters kann von einer mütterlichen Familie noch gesprochen werden, wenn das uneheliche Kind noch weiter in der Stiefvaterfamilie bleibt. Das Bestehen eines Schwägerschaftsverhältnisses zwischen dem unehelichen Kinde und dem Stiefvater begründet, wenn auch nur lose, eine Zugehörigkeit zu dem durch die Mutter ehedem begründeten Familienverhältnis zwischen dem unehelichen Kinde und dem Stiefvater.

Wird ein uneheliches Kind außerhalb der mütterlichen Familie erzogen oder verpflegt, so müssen, wenn die gemeindliche Berufsvormundschaft über dieses Kind eintreten soll, die sämtlichen Voraussetzungen des Art. 1 oder 2 gegeben sein.

3. Erziehung und Verpflegung müssen nicht kumulativ zusammentreffen. Der Begriff der Erziehung umfaßt den der Verpflegung. Verpflegung ist aber auch ohne Erziehung denkbar. Vgl. Bem. e S. 49.

Ist die Voraussetzung der Erziehung oder Verpflegung eines unehelichen minderjährigen Kindes in der mütterlichen Familie gegeben und tritt hiezu noch die Aufsicht des Gemeindebeamten, so kann für dieses Kind der Gemeindebeamte unter Übergehung der in erster Linie dazu Berufenen zum Vormunde bestellt werden oder es tritt, die Erlassung eines Statuts vorausgesetzt, die gesetzliche Vormundschaft ein, sofern das Kind zu der nach nach dem Statute unter die gesetzliche Vormundschaft fallenden Schützlingen gehört.

Ist für ein uneheliches Kind die gemeindliche Berufsvormundschaft einmal eingetreten, so wird diese durch eine Veränderung der Umstände nicht berührt. Dies gilt sowohl dann, wenn späterhin auch die Voraussetzung, unter der der Art. 3 die Berufsvormundschaft für ein uneheliches Kind eintreten läßt, in Wegfall kommt, als auch dann, wenn späterhin zu der Voraussetzung des Art. 3 noch die Voraussetzungen des Art. 1 oder 2 hinzutreten sollten.

Artikel 4.[1])

Dauer des Amts.

Der Gemeindebeamte behält die Rechte und Pflichten eines Vormundes auch nach der Beendigung der Erziehung oder Verpflegung[2])[3]) bis zur Volljährigkeit[4]) des Minderjährigen.

1. Die Vorschrift ist der für den Anstaltsvormund geltenden des Art. 100 Abs. 2 des AGzBGB. nachgebildet.

Sie gilt sowohl für den nach Art. 1 bestellten als auch für den gesetzlichen Vormund (Art. 2). Durch die Bestimmung in Art. 4 werden alle Zweifelsfragen abgeschnitten, wann in einem einzelnen Falle von der Beendigung der Erziehung oder Verpflegung gesprochen werden kann.

Der Grund der Vorschrift ist neben der allgemeinen Erwägung, daß ein Wechsel in der Person des Vormundes sich nicht empfiehlt, hauptsächlich das Bestreben, zwischen dem Vormund und dem Minderjährigen ein dauerndes Band zu knüpfen und dem Vormund einen nachhaltigen Einfluß auf den Lebensgang des Minderjährigen zu sichern.

Während bei der Einzelvormundschaft sich ihre Fortdauer bis zur Volljährigkeit von selbst versteht, war es bei der nur unter bestimmten Voraussetzungen eintretenden Berufsvormundschaft notwendig, daß diese Fortdauer gesetzlich ausgesprochen wird.

Der Art. 4 gilt auch für den Fall der Teilbevormundung durch den Gemeindebeamten, wenn ihm nämlich entweder bei der Bestellung (Art. 1) nur einzelne Rechte und Pflichten eines Vormundes übertragen worden waren, oder wenn ihm nach dem Statute nur bestimmte Rechte und Pflichten eines Vormundes zukommen sollen. Der Art. 4 gilt auch dann, wenn der Gemeindebeamte nach Art. 1 zum Pfleger bestellt worden ist, oder wenn ihm gemäß Art. 2 kraft Gesetzes die rechtliche Stellung eines Pflegers zukommt (vgl. Bem. 6 S. 29 und Bem. b S. 59.) Der Wegfall des Bedürfnisses für die Pflegschaft führt selbstverständlich die Beendigung des Amts des Pflegers herbei. Das Vormundschaftsgericht hat die Aufhebung der Pflegschaft zu verfügen, sie endigt nicht ohne weiteres.

2. Entfällt die Unterbringung des Minderjährigen in einer Familie oder Anstalt wegen Beendigung der Erziehung oder Verpflegung, so entfällt damit an sich eine der Voraussetzungen, unter denen die Berufsvormundschaft eingetreten ist. Der Wegfall dieser Voraussetzung ist jedoch grundsätzlich ohne Einfluß auf das Amt des Berufsvormundes, insbesondere bildet er keinen Grund zur Beendigung seines Amts.

Es besteht indessen kein Hindernis, daß die Gemeinde in ihrem Statute verfügt, daß sie von dem Augenblick an, in dem die Voraussetzungen wegfallen, unter denen die Berufsvormundschaft eingetreten ist, z. B. vom Augenblicke des Austritts des Mündels aus der Anstalt an, die Vormundschaft nicht weiterführen will (vgl. Bem. ζ S. 55. In diesem Falle erhält dann der Mündel einen anderen Vormund. Selbstverständlich wird für diesen Fall bei der Genehmigung des Statuts darauf geachtet werden müssen, daß der Mündel nicht ohne gesetzlichen Vertreter ist, daß überhaupt alle Zweifel über die Vertretung des Mündels nach Möglichkeit abgeschnitten werden.

Aus dem dem Art. 4 zugrunde liegenden Prinzipe darf auch gefolgert werden, daß auch der Wegfall einer anderen Voraussetzung als die Beendigung der Erziehung oder Verpflegung ohne Einfluß auf das Amt des Berufsvormundes ist, daß das Amt des Berufsvormundes auch fortdauert, wenn in den Voraussetzungen, unter denen die Berufsvormundschaft eingetreten ist, sich irgend etwas geändert hat. Danach bleibt der Gemeindebeamte auch Vormund, wenn der Minderjährige vor beendeter Erziehung oder Verpflegung aus der von dem Gemeindebeamten ausgewählten Familie oder Anstalt, z. B. auf Grund des Erziehungsrechtes der ehelichen oder unehelichen Mutter, entnommen und anderweit untergebracht ist. Dies gilt selbst dann, wenn der Minderjährige in dem Bezirk einer anderen Gemeinde, als der, untergebracht wird, von der der Beamte angestellt ist, ferner dann, wenn der Minderjährige in einen anderen Bundesstaat oder in das Ausland verzieht.

Der Gemeinde bleibt es jedoch in allen diesen Fällen unbenommen, gemäß Art. 7 die Entlassung ihres Beamten zu verlangen. Das Recht der Gemeinde, die Entlassung ihres Beamten, oder im Falle der Teilbevormundung die Entbindung von den ihm übertragenen Rechten und Pflichten zu fordern, wird durch den Art. 4 nicht berührt.

In den Fällen, in denen im Statute vorgesehen ist, daß die Gemeinde die Vormundschaft nicht weiter führt, wenn die Voraussetzungen wegfallen, unter denen sie eingetreten ist, bedeutet der Wegfall der Voraussetzungen nicht ohne weiteres das Ende des Amts des Berufsvormundes. Der Berufsvormund hat vielmehr sein Amt bis zur Bestellung eines anderen Vormundes fortzuführen. § 1893 BGB.

3. Wird der Aufenthalt des Minderjährigen verlegt, so ist es ausgeschlossen, daß er unter die gesetzliche Vormundschaft eines anderen Vormundes fällt, auch wenn an sich die Voraussetzungen hiezu gegeben wären. Denn eine gesetzliche Vormundschaft schließt die andere aus. Der Eintritt der gesetzlichen Vormundschaft gilt nur gegenüber dem bestellten Vormund. Dem Eintritt einer anderen bestellten oder gesetzlichen Berufsvormundschaft steht jedoch dann ein Hindernis nicht im Wege, wenn der bisherige Berufsvormund auf Grund des Art. 7 vorher entlassen worden ist.

Im Falle der Verlegung des Aufenthalts des Minderjährigen obliegt dem Berufsvormunde die Anzeigepflicht gegenüber dem Vormundschaftsgericht und dem Gemeindewaisenrat. (Entspr. Anwendung des § 27 Abs. 2 VormO.)

4. Die vormundschaftlichen Rechte und Pflichten endigen selbstverständlich mit dem Wegfalle der Bevormundungsbedürftigkeit, also mit dem Tode des Minderjährigen (Todeserklärung); dem Eintritt der Volljährigkeit; mit der Volljährigkeitserklärung; dem Eintritte in eine elterliche Gewalt; im Falle der Legitimation durch nachfolgende Ehe mit der Rechtskraft des Urteils, das die Vaterschaft des Ehemanns zu dem Mündel feststellt, nicht schon mit der Eheschließung (§§ 1719, 1883 BGB.).

Wegen der Beendigung des Amts des Berufsvormundes kraft Gesetzes vgl. Bem. *α* S. 39, Bem. 1 S. 69.

Artikel 5.[1])

Wirkung des Eintritts der Berufsvormundschaft.

Soweit[2]) der Gemeindebeamte Rechte und Pflichten eines Vormundes erhält, endigen[3]) die Rechte und Pflichten des bisherigen Vormundes.[4])[5])[6])

1. Art. 5 zieht die aus dem Eintritte der Berufsvormundschaft des Gemeindebeamten sich ergebende Folge. Der Eintritt der Berufsvormundschaft führt die Beendigung der Rechte des bisherigen Vormundes herbei.

Art. 5 bezieht sich sowohl auf den gesetzlichen Vormund als auf den nach Art. 1 bestellten Gemeindevormund.

2. Durch die Fassung „soweit" werden die beiden Möglichkeiten getroffen, daß der Berufsvormund alle Rechte und Pflichten erhalten hat, oder daß ihm nur bestimmte Rechte und Pflichten eines Vormundes zukommen. Im Falle der Vollbevormundung endigen die sämtlichen Rechte und Pflichten des bisherigen Vormundes. Im Falle der Teilbevormundung endigen die Rechte und Pflichten des bisherigen Vormundes nur insoweit, als sie dem Berufsvormunde zukommen. Das Amt des bisherigen Vormundes bleibt mit der Wirkung bestehen, daß er nur von der Besorgung der dem Gemeindebeamten übertragenen Angelegenheiten ausgeschlossen ist. Weder der bisherige Vormund noch der Gemeindebeamte werden im Falle einer solchen Teilung der Befugnisse in die rechtliche Stellung eines Pflegers gedrängt. Berufsvormund und ehrenamtlicher Vormund teilen sich vielmehr in die Rechte und Pflichten eines Vormundes. Bei einer den Wirkungskreis beider Vormünder berührenden Angelegenheit steht beiden Vormündern die Entscheidung zu. Im Falle einer Meinungsverschiedenheit entscheidet das Vormundschaftsgericht, soweit nicht bei der Bestellung des Gemeindebeamten oder in dem Statut ein anderes vorgesehen ist. § 1797 BGB.; a. A. BayZfR. 1908 S. 155.

Der Art. 5 hat nur den Fall im Auge, daß dem Gemeindebeamten vormundschaftliche Rechte und Pflichten übertragen werden. Der Grundsatz des Art. 5 gilt jedoch auch dann, wenn der Gemeindebeamte nur die rechtliche Stellung eines Pflegers erhält. Auch die Rechte und Pflichten des bisherigen Pflegers endigen mit der Bestellung des Gemeindebeamten zum Pfleger, oder mit dem Eintritte der gesetzlichen Pflegschaft. Vgl. Bem. 5 S. 29, Bem. b S. 59.

3. Die Endigung des Amts des bisherigen Vormunds im ganzen, oder die Endigung des Amts in einzelnen Teilen im Falle der Teilbevormundung durch den Gemeindebeamten tritt kraft Gesetzes ein. Diese Wirkung tritt auch gegenüber solchen Personen ein, die ein Recht auf das Amt des Vormundes haben (§ 1776 BGB.). Die Endigung des Amts oder einzelner Befugnisse, als einer gesetzlichen Folge des Eintretens der Berufsvormundschaft, läßt die Entlassung des Vormunds aus seinem Amte oder aus einem Teile seiner Befugnisse als untunlich erscheinen.

Der Eintritt der gesetzlichen Vormundschaft kann nicht mittels Beschwerde angefochten werden (OLGRspr. Bd. 16 S. 24, Bem. auf S. 65. Bestreitet jedoch der bisherige Vormund, daß die Berufsvormundschaft mangels der Voraussetzungen überhaupt nicht eingetreten ist, dann ist die Beschwerde zulässig und zwar die sofortige Beschwerde (analog § 60 Nr. 3 FGG.). Dem Beschwerdegericht obliegt die Nachprüfung der den Eintritt der Berufsvormundschaft begründenden Tatsachen.

Dagegen kann der Eintritt der bestellten Berufsvormundschaft mittels Beschwerde angefochten werden. Vgl. Bem. b auf S. 37.

Vom Eintritt der Berufsvormundschaft hat das Vormundschaftsgericht den bisherigen Vormund zu verständigen (analog § 27 VormO.) und ihn, soferne dem Berufsvormund auch die Sorge für das Vermögen übertragen ist, zur Rechenschaftsablegung zu veranlassen.

Daß der bisherige Vormund auch, nachdem sein Amt durch den Eintritt der gesetzlichen Vormundschaft des Gemeindebeamten beendigt ist, zur Fortführung der mit der Sorge für die Person oder das Vermögen des Mündels verbundenen Geschäfte berechtigt ist, bis er von der Beendigung Kenntnis erhält oder sie kennen muß, ergibt sich aus dem § 1893 des BGB.

Die vom Vormunde bis zum Eingange der Mitteilung des Vormundschaftsgerichts in Vertretung des Mündels vorgenommenen Rechtsgeschäfte sind gültig, denn bis dahin ist er zur Weiterführung der Geschäfte berechtigt. Ein Dritter kann sich jedoch auf diese Berechtigung nicht berufen, wenn er bei der Vornahme eines Rechtsgeschäfts die Beendigung des vormundschaftlichen Amtes kannte oder kennen mußte. Daß der Vormund die Beendigung des vormundschaftlichen Amtes kannte oder kennen mußte, hat der zu beweisen, der sich darauf beruft. Der Vormund muß die Beendigung kennen, soferne sie ihm ohne Fahrlässigkeit nicht verborgen bleiben konnte. Hesse S. 220, 321, Planck zu § 1893, Staudinger zu § 1893.

Um tunlichst jeden Zweifel über die Vertretungsbefugnis des bisherigen Vormundes auszuschließen, kann den Vormundschaftsgerichten die tunlichste Beschleunigung der Benachrichtigung des bisherigen Vormundes von der Beendigung seines Amts nicht genug empfohlen werden.

4. a) Beendigt wird das Amt des bisherigen Vormundes. Unter dem bisherigen Vormund ist nur der bisher bestellt gewesene ehrenamtliche Einzelvormund zu verstehen, nicht aber der gesetzliche (Art. 2) oder der bestellte Berufsvormund (Art. 1). Darüber, daß das Amt eines bestellten Berufsvormundes weder durch den Eintritt der gesetzlichen Vormundschaft eines anderen Beamten noch durch die Bestellung eines anderen Beamten zum Berufsvormunde beendet wird vgl. die Bem. β auf S. 38. Ebenso ist der Eintritt einer gesetzlichen Vormundschaft gegenüber einem schon bestehenden gesetzlichen Vormunde ausgeschlossen. Auch die Möglichkeit einer Konkurrenz zweier gesetzlicher Vormünder oder eines gesetzlichen Vormundes und eines bestellten Berufsvormundes kann nicht eintreten mit Rücksicht darauf, daß das Bestehen einer gesetzlichen Vormundschaft oder einer Vormundschaft nach Art. 1 den Eintritt jeder anderen gesetzlichen Vormundschaft oder jeder nach Art. 1 bestellten Vormundschaft ausschließt.

b) Bestritten aber kaum bestreitbar ist die Frage, ob mit dem Eintritte der Berufsvormundschaft auch das Amt des bisherigen Gegenvormundes erlischt. Für die Bejahung der Frage Planck Bem. 3 zu Art. 136 EGzBGB., Stranz-Gerhard Bem. I Nr. 9 zu Art. 78 Preuß. AGzBGB.; für Verneinung Crusen u. Müller Bem. II Nr. 1 zu Art. 78 § 2 Preuß. AGzBGB. Crusen u. Müller führt aus, daß, wenn ein Gegenvormund neben dem Berufsvormund ganz ausgeschlossen sein sollte, die Bestimmung des Inhalts entbehren würde, daß dem Berufsvormunde die nach § 1852 BGB. zulässigen Befreiungen zustehen, insoweit sie auf die Befreiung von der Genehmigung des Gegenvormundes verweist. Demgegenüber kommt jedoch als entscheidender Gesichtspunkt in Betracht, daß der Gemeindebeamte der Aufsicht eines Gegenvormundes nicht unterstehen soll (Art. 6). Demzufolge ist ein Gegenvormund nicht zu bestellen, das Amt eines schon bestellten muß endigen.

Das Amt eines Gegenvormundes bleibt jedoch bestehen insoweit der bisherige Vormund im Amte bleibt, denn die Vorschrift, daß ein Gegenvormund nicht zu bestellen ist, gilt nur im Verhältnis zum Berufsvormunde. Vgl. die Bem. b S. 112.

c) Der Eintritt der Berufsvormundschaft auf Mitvormünder ist verschieden, je nachdem die Mitvormünder das Amt gemeinschaftlich (§ 1797 Abs. 1 BGB.) führen oder die Führung der Vormundschaft nach Wirkungskreisen verteilt ist. Ersterenfalls endigt das Amt aller Mitvormünder, letzterenfalls endigt das Amt nur desjenigen Mitvormundes, dessen Wirkungskreis dem Berufsvormund übertragen wird.

d) Auf einen bestehenden Familienrat ist der Eintritt einer bestellten Berufsvormundschaft oder einer gesetzlichen Vormundschaft ohne jeden Einfluß. § 1872 BGB.

5. Der Art. 5 hat nur den Fall im Auge, daß bei dem Eintritte der Berufsvormundschaft ein Vormund schon bestellt war. Die Berufsvormundschaft kann aber auch eintreten, ohne daß vorher schon ein Vormund bestellt war, sei es, daß von vornherein ein Vormund noch nicht bestellt war, oder daß der Fall einer Vakanz gegeben ist. In diesen Fällen kann in der Anerkennung des Eintritts der gesetzlichen Berufsvormundschaft durch das Vormundschaftsgericht bzw. in der Bestellung des Gemeindebeamten zum Berufsvormunde die Entscheidung liegen, daß es von seiner Befugnis, einen anderen Vormund zu bestellen, einen Gebrauch nicht machen will. Darüber, inwieweit diese Entscheidung mit Beschwerde angefochten werden kann vgl. die Bem. auf S. 65, Bem. h S. 37.

6. Ist nach dem Eintritte der gesetzlichen Berufsvormundschaft z. B. infolge eines Versehens seitens des Vormundschaftsgerichts oder infolge einer Verzögerung der Mitteilung des Berufsvormundes (Art. 2 Abs. 3) ein Vormund bestellt worden, so ist dessen Bestellung an sich nicht ungültig, Rechtsgeschäfte dieses Vormundes sind nicht nichtig. Der bestellte Vormund ist nicht ein unfähiger Vormund im Sinne des § 1780 BGB. Hieran ändert die Erwägung nichts, daß neben dem gesetzlichen Vormund für einen anderen, den Fall der Teilbevormundung ausgenommen, grundsätzlich kein Raum ist.

Das Amt des zu Unrecht bestellten Vormundes ist nicht kraft Gesetzes erloschen schon im Momente seiner Bestellung. Der Vormund ist jedoch vom Vormundschaftsgerichte zu entlassen.

Artikel 6.[1])

Befreite Stellung.

Dem Gemeindebeamten stehen die nach dem § 1852 Abs. 2 des Bürgerlichen Gesetzbuchs zulässigen Befreiungen zu.[2])

Ein Gegenvormund ist nicht zu bestellen.[3])

1. Art. 6 entspricht wörtlich der für den Anstaltsvormund geltenden Bestimmungen in Art. 100 Abs. 3 AGzBGB. Vgl. auch Art. 136 Nr. 4 EGzBGB. Die Vorschrift in Art. 6 gilt sowohl für den gesetzlichen Vormund wie für den nach Art. 1 zum Vormunde bestellten Gemeindebeamten, für den letzteren aber nur, wenn er zum Berufsvormunde bestellt wurde; er gilt nicht für den Beamten, der zum Vormunde bestellt worden ist, ohne daß die Voraussetzungen des Art. 1 gegeben waren. Vgl. Bem. 6a S. 30, 31.

2. Zu Abs. 1. Die Stellung des Berufsvormundes ist gegenüber der des ehrenamtlichen, nicht befreiten Vormundes kraft Gesetzes eine befreite. Der Umfang der Befreiungen ist durch die Verweisung auf den § 1852 Abs. 2 BGB. bestimmt. Der § 1852 Abs. 2 gestattet folgende Befreiungen:

a) Der Gemeindebeamte unterliegt bei der Anlegung von Geld den in §§ 1809, 1810 BGB. bestimmten Beschränkungen nicht.

α) Auf Grund der Befreiung von der Beschränkung des § 1809 kann der Berufsvormund Mündelgeld bei einer inländischen öffentlichen Sparkasse (§ 1807 Nr. 5) oder bei Banken (Reichsbank, Kgl. Bank und deren Filialen) (§ 1808. Vgl. Bem. d S. 87 mit 90) auch ohne die Bestimmung anlegen, daß zur Erhebung die Genehmigung des Vormundschaftsgerichts erforderlich ist. Eine Genehmigung des Gegenvormundes kommt im Hinblick auf Art. 6 Abs. 2 ohnehin nicht in Frage. Die Befreiung von der Einschränkung des § 1809 hat zugleich auch die Einräumung einer freieren Stellung bei der Einziehung von Leistungen zur Folge. § 1813 Abs. 1 Nr. 2 u. 3 und Abs. 2. Der Berufsvormund kann deshalb eine geschuldete Leistung, auch wenn der Anspruch mehr als 300 Mark beträgt, ohne weiteres annehmen und zwar auch dann, wenn die Leistung seitens einer Sparkasse, einer Bank oder Hinterlegungsstelle, bei der das Mündelgeld angelegt ist, geschuldet wird. Es darf nur bei der Anlegung nichts Gegenteiliges bestimmt worden sein, was bei dem Berufsvormund regelmäßig nicht der Fall sein wird. Der Berufsvormund kann sich auch Geld, das, weil es zur Bestreitung laufender Ausgaben bereit zu halten war, vom Vormunde frei angelegt werden konnte, ohne weiteres zurückzahlen lassen und zwar auch von einer Sparkasse, Bank oder Hinterlegungsstelle; nur darf auch hier bei der Anlegung ausnahmsweise nichts Gegenteiliges bestimmt worden sein.

β) Zufolge der Befreiung von der Beschränkung des § 1810 BGB. ist der Berufsvormund im Gegensatze zum Einzelvormunde bei der Anlegung von Mündelgeld nach Maßgabe der Vorschriften in den §§ 1806—1808 BGB. an die Genehmigung des Vormundschaftsgerichts nicht gebunden. Eine Genehmigung eines Gegenvormundes kommt im Hinblick auf Art. 6 Abs. 2 ohnehin nicht in Frage.

b) Der Gemeindebeamte bedarf zu den in § 1812 BGB. bezeichneten Rechtsgeschäften nämlich zu Verfügungen über Forderungen, über Rechte, kraft deren der Mündel eine Leistung verlangen kann, und über Wertpapiere nicht der Genehmigung des Vormundschaftsgerichts; ebensowenig zur Eingehung einer Verpflichtung zu einer solchen Verfügung. Unter Forderungen sind alle obligatorischen Ansprüche zu verstehen, auch Gesellschaftsrechte. Zu den Rechten, kraft deren eine Leistung verlangt werden kann, gehören insbesondere: Reallasten, Hypotheken, Grundschulden, Rentenschulden. Über den Begriff „Wertpapiere" vgl. § 1807 Nr. 4 BGB. Auch verbriefte Forderungen, in denen Mündelgeld nach § 1807 Nr. 2—4 angelegt ist, fallen unter § 1812 BGB. Auf die Befreiung kann sich der Berufsvormund jedoch in den Fällen nicht berufen, in denen die Verfügung über die Forderung, den Anspruch auf Leistung und die Wertpapiere in den §§ 1819—1822 BGB. enthaltenen Vorschriften an die Genehmigung des Vormundschaftsgerichts ausdrücklich gebunden ist. Unter die nicht privilegierten Verfügungen fallen die Verfügungen über Forderungen, die auf Übertragung des Eigentums an einem Grundstück oder auf Begründung oder Übertragung eines Rechts an einem Grundstücke, das nicht in einer Hypothek, Grundschuld oder Rentenschuld besteht (§ 1821 Abs. 2), oder auf Befreiung eines Grundstücks von einem solchen Rechte gerichtet sind (§ 1821 Abs. 1). Von den Wertpapieren scheiden insbesondere diejenigen aus, die nach den §§ 1814, 1818 hinterlegt sind (§ 1819). Grundsätzlich scheiden aus (§ 1812) die dinglichen Ansprüche. Dagegen bedarf der Berufsvormund zu einer Verfügung über dingliche Ansprüche auf bewegliche Sachen der Genehmigung des Vormundschaftsgerichts nicht.

Über den Begriff der „Verfügung" ist folgendes zu bemerken: Es gehören hierher: Veräußerung, Abtretung, Verzicht, Verpfändung, Belastung mit einem Nießbrauch oder Pfandrecht, Erlaß, Stundung, die Geltendmachung eines Anfechtungs- oder

Rücktrittsrechtes, Kündigung, Annahme einer geschuldeten Leistung (§ 1813). Als Verfügung ist nicht zu erachten: die Erteilung einer Quittung (Quittung nur Beweismittel), die Geltendmachung eines Rechtes, z. B. Mahnung, die Prozeßführung (ausgenommen wieder prozessuale Handlungen, die wie der Prozeßvergleich eine Verfügung enthalten), mag nun der Mündel Kläger oder Beklagter sein, die zwangsweise Beitreibung einer Forderung des Mündels. Eine im Zwangswege beigetriebene Forderung kann der Berufsvormund ohne weiteres annehmen (§ 1813). Zu einer Verfügung ist auch dann nicht die Genehmigung des Vormundschaftsgerichts erforderlich, wenn sie im Wege einer gegen den Mündel gerichteten Zwangsvollstreckung notwendig wird.

Zu einer Verfügung über bewegliche Sachen, ausgenommen über Kostbarkeiten, im Falle ihrer Hinterlegung nach § 1818 BGB. bedarf der Berufsvormund nicht der Genehmigung des Vormundschaftsgerichts.

Andere Befreiungen als die in § 1852 Abs. 2 erwähnten sind nicht zulässig. Insbesondere stehen dem Berufsvormunde folgende Befreiungen nicht zu:

Befreiung von der Verpflichtung zur	Errichtung und Ergänzung d. Vermögensverzeichnisses.
" " " " "	Rechnungslegung und zur Rechenschaftsablegung nach Beendigung des Amtes.
" " " " "	Einholung der Vormundschaftsgerichtlichen Genehmigung in den Fällen der §§ 1821, 1822 BGB.
" " " " "	Sicherheitsleistung. § 1844 BGB. Vgl. Bem. h S. 92.
" " " " "	Anlegung von Mündelgeld nach § 1806. OLGRspr. Bd. 2 S. 39, 168, Bd. 2 S. 411.
" " " " "	Hinterlegung von Inhaber- und Orderpapieren und zum Eintrage des im § 1816 bezeichneten Vermerks in das Reichsschuldbuch. (Ein Staatsschuldbuch gibt es in Bayern nicht.)

Die Befreiungen nach § 1852 Abs. 2 BGB. stehen dem Berufsvormunde kraft Gesetzes zu. Dies würde an sich einen Verzicht auf diese Befreiungen seitens des Gemeindebeamten nicht ausschließen. Es schließt aber aus eine Beschränkung der Befreiungen durch eine letztwillige Verfügung seitens des Inhabers der elterlichen Gewalt, die dieser etwa für den Fall des Eintritts der Berufsvormundschaft getroffen haben sollte.

Die Befreiungen gelten nur im Verhältnis zu dem Berufsvormunde; sie beziehen sich nicht auf die Vormundschaft an sich; der neben dem Berufsvormund etwa im Amte bleibende ehrenamtliche Vormund kann sich auf diese Befreiungen nicht berufen, falls ihm nicht selbst auf Grund letztwilliger Verfügung seitens des Inhabers der elterlichen Gewalt eine befreite Stellung zukommt. § 1852 ff. BGB.

3. Zu Abs. 2. Ein Gegenvormund ist nicht zu bestellen. Materiell rechtfertigt sich die Vorschrift aus der Erwägung, daß in den Fällen der Berufsvormundschaft selten eine Vermögensverwaltung in Frage kommen wird. Andernfalls kann das Vormundschaftsgericht von seiner Befugnis, einen anderen Vormund zu bestellen, Gebrauch machen, welchenfalls sich die Möglichkeit der Bestellung eines Gegenvormundes von selbst ergibt. § 1792 Abs. 2 BGB.

a) In der Ausschließung eines Gegenvormundes liegen gleichzeitig auch die unter Nr. 2 erwähnten Befreiungen.

b) Das Verbot der Bestellung eines Gegenvormundes beruht auf dem Grundgedanken, daß der Gemeindebeamte der Aufsicht eines Gegenvormundes nicht unterstehen soll. Hieraus folgt, daß auch das Amt eines bisher bestellt gewesenen Gegenvormundes mit dem Eintritte der Berufsvormundschaft kraft Gesetzes erlischt. Planck Bem. 3 zu Art. 136 EGzBGB., Stranz-Gerhard Bem. I Nr. 9 zu Art. 78 Preuß. AGzBGB.; a. A. Crusen u. Müller Bem. II Nr. 1 zu Art. 78 § 2 Preuß. AGzBGB. mit nicht zwingender Begründung. Vgl. Bem. b S. 107, 108. Ein bestellter Gegenvormund bleibt im Amte, soweit dem bisherigen Vormunde die Rechte und Pflichten eines Vormundes verbleiben, also in dem Falle, daß dem Berufsvormunde nur einzelne Rechte und Pflichten übertragen werden.

c) Aus dem Verbot der Bestellung eines Gegenvormundes folgt, daß eine letztwillige, auf Bestellung eines Gegenvormundes gerichtete Anordnung des Inhabers der elterlichen Gewalt nicht in Betracht kommt. Dagegen wäre ein freiwilliger Verzicht des Gemeindebeamten auf sein gesetzliches Recht, der Aufsicht eines Gegenvormundes nicht zu unterliegen, rechtlich nicht zu beanstanden.

d) Das Verbot der Bestellung eines Gegenvormundes erstreckt sich nur auf das Verhältnis zum Berufsvormund, nicht auf die Vormundschaft überhaupt. Für den Fall, daß dem Berufsvormunde nur einzelne Rechte und Pflichten eines Vormundes übertragen sind, und im übrigen neben ihm noch ein anderer Vormund für die übrigen Angelegenheiten des Mündels bestellt ist, gilt die Vorschrift des Abs. 2, daß ein Gegenvormund nicht zu bestellen ist, nur im Verhältnis zu dem Berufsvormund, nicht auch für den zweiten Vormund. Es ist durch Art. 6 Abs. 2 selbstverständlich nicht ausgeschlossen, dem neben dem Berufsvormund im Amte gebliebenen Einzelvormund einen Gegenvormund zur Seite zu stellen.

e) Ist trotz des gesetzlichen Verbots ein Gegenvormund bestellt worden, so steht dem Gemeindebeamten das Recht der Beschwerde zu, soferne sich nicht das Vormundschaftsgericht entschließt, den zu unrecht bestellten Gegenvormund zu entlassen. Über den Einfluß der verbotswidrigen Bestellung eines Gegenvormundes auf die Gültigkeit der Rechtsgeschäfte des Berufsvormundes vgl. Planck Bem. 5 zu § 1856.

f) Aus dem Verbot der Bestellung eines Gegenvormundes folgt nicht das Verbot der Bestellung eines Mitvormundes, soweit der Gemeindebeamte die Rechte und Pflichten eines Vormundes hat. Vgl. jedoch § 1786 Nr. 7 BGB. Der Art. 6 Abs. 2 verbietet nur die Beaufsichtigung des Berufsvormundes durch einen Gegenvormund, nicht aber die Mitwirkung eines anderen Vormundes. Der Fall einer Mitbevormundung mit geteilten Wirkungskreisen ist gegeben im Falle der Teilbevormundung durch den Gemeindebeamten.

g) Über den Einfluß des Eintritts der Berufsvormundschaft auf bestehende Mitvormünder vgl. die Bem. c S. 108.

Artikel 7.[1][2])

Endigung des Amts.

Auf Antrag der Gemeinde[3]) hat das Vormundschaftsgericht den Gemeindebeamten als Vormund zu entlassen und, sofern ihm nur einzelne Rechte und Pflichten eines Vormundes zustehen, ihn von diesen zu entbinden.[4])

1. Nach dem Entwurfe hatte der Art. 7 folgende Fassung:

„Auf Antrag der Gemeinde hat das Vormundschaftsgericht den Gemeindebeamten als Vormund zu entlassen und, sofern ihm nur einzelne Rechte und Pflichten eines Vormundes zustehen, ihn von diesen zu entbinden, wenn der Aufenthalt des Minderjährigen in den Bezirk einer anderen Gemeinde verlegt wird."

Der Ausschuß der Kammer der Reichsräte beschloß auf den Antrag des Referenten die Streichung des Nebensatzes „wenn .... wird" in der Erwägung, daß ein zwingender Grund für eine Vorschrift, daß das Vormundschaftsgericht den Gemeindebeamten auf Antrag der Gemeinde nur dann zu entlassen hat, wenn der Aufenthalt des Minderjährigen in den Bezirk einer anderen Gemeinde verlegt, nicht bestehe, daß es sich vielmehr empfehle, die Gemeinde in dieser Hinsicht gleich dem Anstaltsvormunde zu behandeln, da doch angenommen werden dürfe, daß die Gemeinde aus nicht weniger wichtigen Gründen als der Vorstand einer unter staatlicher Aufsicht oder Verwaltung stehenden Anstalt einen Entlassungsantrag stellen werde.

2. Die Vorschrift steht im Einklange mit der für den Anstaltsvormund geltenden Vorschrift des Art. 100 Abs. 5 Satz 2 AGzBGB. Sie ist in gewissem Sinne das Korrelat zu der Vorschrift des Art. 2 Abs. 4, wonach das Vormundschaftsgericht jederzeit einen anderen Vormund bestellen kann.

Dieselbe Regelung besteht nach der hessischen (Art. 4 des Gesetzes vom 19. August 1905, die Anstaltsvormundschaft betr.), nach der badischen (Art. III des Gesetzes vom 16. August 1900, die Zwangserziehung und die Bevormundung durch Beamte der Armenverwaltung betr.) und nach der sächsischen (§ 38 Abs. 3 des AGzBGB.) Gesetzgebung.

Der Art. 7 bezieht sich sowohl auf den gesetzlichen Vormund, wie auf den bestellten Berufsvormund, er gilt auch dann, wenn der Gemeindebeamte bestellter (vgl. Bem. 5 S. 29) oder gesetzlicher Pfleger (vgl. Bem. b S. 59) war.

3. a) Nur die Gemeinde ist zur Antragstellung berechtigt. Die Berechtigung fehlt dem Beamten, der das Amt des Vormundes hat. Sein Antrag ist durch das Vormundschaftsgericht als unzulässig zurückzuweisen. Es steht aber nichts im Wege, daß das Vormundschaftsgericht unter Würdigung etwaiger von dem Gemeindebeamten angegebener Gründe den Antrag des Gemeindebeamten als Anregung zur Bestellung eines anderen Vormundes (Art. 2 Abs. 4) entgegennimmt, falls der Antrag von dem gesetzlichen Vormunde gestellt ist.

Geht der Antrag von dem bestellten Berufsvormunde aus, so kann das Gericht ihm entsprechen, wenn die Voraussetzungen des § 1889 BGB. vorliegen, wenn also Umstände gegeben sind, die den Antrag auf Entlassung rechtfertigen würden, wenn er von einem Einzelvormunde gestellt worden wäre. Dies folgt daraus, daß der Art. 7 nur von dem Rechte der Gemeinde handelt, die Enthebung ihres Beamten von seinen vormundschaftlichen Befugnissen aus dienstlichen Erwägungen jederzeit zu verlangen. Der Art. 7 schließt aber das Recht des Beamten nicht aus, aus Gründen, die in seiner Person liegen, seine Enthebung zu verlangen. Das Vormundschaftsgericht hat jedoch wegen des der Gemeinde zustehenden Aufsichtsrechtes über ihre Beamten die Zustimmung der Gemeinde zu dem Antrag einzuholen. Auf alle Fälle hat es die Gemeinde von der Enthebung des Beamten in Kenntnis zu setzen.

Ist der Antrag des Beamten im Hinblick auf § 1889 BGB. nicht gerechtfertigt, so hat es den Antrag abzulehnen.

Der Grund für die Bestimmung, daß die Gemeinde und nicht der Gemeindebeamte den Antrag auf Bestellung eines anderen Vormundes stellen kann, wird darin zu suchen sein, daß die Aufsicht über die Erfüllung der dem Beamten obliegenden Dienstpflicht, nicht ohne hinlänglichen Grund die Bestellung eines anderen Vormundes zu beantragen, der Gemeinde zusteht. Es wäre auch mit der Stellung des Beamten als gesetzlichem Vormunde im Grunde genommen nicht recht in Einklang zu bringen, wenn er, der sein Amt kraft Gesetzes hat, über seine Entlassung sollte befinden können.

Der Antrag ist von dem zur Vertretung der Gemeinde berufenen Organe zu stellen (Magistrat Art. 84, Gemeindeausschuß Art. 130 der diesf. GemO., Gemeinderat Art. 74 der GemO. f. d. Landesteile l. d. Rh.).

Es genügt aber, wenn der Antrag von dem Gemeindebeamten selbst gestellt und von dem zur Vertretung der Gemeinde berufenen Organe unterstützt wird.

b) Die Gemeinde kann die Enthebung ihres Beamten als Vormund jederzeit und ohne daß eine Veranlassung dazu besteht, verlangen. Während der gesetzliche Vormund, soferne die sämtlichen Voraussetzungen für den Eintritt der gesetzlichen Vormundschaft gegeben sind, zur Übernahme und zur Ausübung der Vormundschaft verpflichtet ist, besteht für die Gemeinde eine Verpflichtung, daß ihre Beamten die Vormundschaft auch behalten, nicht.

Das Recht der Gemeinde, die Bestellung eines anderen Vormundes zu verlangen, ist nicht auf die Fälle beschränkt, in denen der Vormund nach § 1889 BGB. auf seinen Antrag zu entlassen ist.

Das Recht hat insbesondere dann Bedeutung, wenn der Mündel seinen Aufenthalt in größere Entfernung von dem Wohnsitze des Berufsvormundes verlegt oder wenn aus sonstigen Gründen der Mündel dem Berufsvormund entfremdet worden ist, oder wenn sonstige Zweckmäßigkeitsrücksichten für die Bestellung eines anderen Vormundes sprechen.

Die Herbeiführung der Beendigung der Berufsvormundschaft ist danach auf die willkürliche Entscheidung der Gemeinde abgestellt. Es darf indessen erwartet werden, daß die Gemeinden nicht ohne zwingenden Grund von der Ausübung ihres Rechtes Gebrauch machen werden. Denn es wird dem Wesen der Berufsvormundschaft als einer doch nicht nur vorübergehend gedachten Institution nur entsprechen, wenn sie nicht ohne hinreichenden Grund beendet wird. Die geordnete Führung der Vormundschaft erfordert gebieterisch ein gewisses Maß von Stabilität. (Oertmann S. 628; Henle-Schneider Bem. 8 zu Art. 100.)

c) Eine Form ist für den Antrag nicht vorgeschrieben. Inhaltlich geht der Antrag auf Entlassung im Falle der Vollbevormundung, auf Entbindung des Beamten von seinen Rechten und Pflichten im Falle der Teilbevormundung.

Der Antrag kann in verschiedenem Sinne gestellt werden:

α) Der Antrag kann darauf gerichtet sein, daß der Beamte von der Führung aller seiner Vormundschaften entlassen wird, so daß der Gemeindebeamte überhaupt aufhört, Berufsvormund zu sein.

β) Der Antrag kann darauf gerichtet sein, daß der Gemeindebeamte von dem Amte eines Vormundes für einen oder für einzelne Minderjährige entlassen wird, während er im übrigen nach wie vor Berufsvormund für andere Minderjährige bleibt.

γ) Der Antrag kann schließlich darauf gerichtet sein, daß der Beamte von einzelnen Rechten und Pflichten seines vormundschaftlichen Amtes für einen einzelnen Minderjährigen entbunden wird, während er im übrigen Berufsvormund für diesen Minderjährigen wie bisher bleibt. Die Stellung eines Antrages in diesem Sinne wird sich namentlich dann empfehlen, wenn dem Minderjährigen größeres Vermögen zufällt, dessen Verwaltung durch ihren Beamten übernehmen zu lassen die Gemeinde nicht gesonnen ist.

Der Antrag muß ersehen lassen, in welchem Sinne er gestellt werden will. Er hat den oder die Minderjährigen tunlichst unter der Angabe des gerichtlichen Aktenzeichens (bei der bestellten Berufsvormundschaft unter gleichzeitiger Beifügung der Bestallung) zu bezeichnen, in Ansehung deren die Entlassung des Gemeindebeamten beantragt werden will.

Der Art. 7 ermöglicht es, daß eine Gemeinde die Entlassung aller ihrer Beamten von allen von ihnen geführten Vormundschaften beantragt. Ein solcher Antrag würde im Falle der gesetzlichen Vormundschaft bedeuten, daß das Statut vorübergehend gegenstandslos wird, ohne daß es ausdrücklich aufgehoben wird. Ein solcher Antrag stellt aber keineswegs die gesetzliche Vormundschaft überhaupt in Frage. Denn sobald bezüglich eines Minderjährigen die gesetzlichen und statutarischen Voraussetzungen gegeben sind, tritt die gesetzliche Vormundschaft ohne weiteres wieder ein. Die endgültige Beseitigung der gesetzlichen Vormundschaft kann nur im Wege der Wiederaufhebung des Statuts erfolgen. Im Falle der bestellten Berufsvormundschaft würde der Antrag auf Entlassung aller Beamten das Ende der Berufsvormundschaft überhaupt bedeuten, wenn die Gemeinde künftig keinen ihrer Beamten dem Vormundschaftsgerichte zur Bestellung als Vormund mehr zur Verfügung stellen will.

d) Der Antrag auf Entlassung des Beamten oder auf Entbindung von seinen Befugnissen ist an das Vormundschaftsgericht zu richten. Soll der Beamte gleichzeitig aus dem Amte eines Vormundes für mehrere Minderjährige entlassen werden, die bei verschiedenen Gerichten bevormundet werden, so ist der Antrag an die verschiedenen Vormundschaftsgerichte zu richten.

Dem Antrage muß stattgegeben werden, ohne daß das Vormundschaftsgericht etwa berufen wäre, den Antrag auf seine Zweckmäßigkeit hin zu prüfen.

Dem Antrage muß auch dann entsprochen werden, wenn in den Voraussetzungen, unter denen die Berufsvormundschaft eingetreten ist, eine Veränderung gar nicht erfolgt ist, wenn also die Voraussetzungen für die Berufsvormundschaft nach wie vor fortbestehen.

Gegen die Verweigerung der Entlassung steht der Gemeinde (nicht dem Gemeindebeamten) das Recht der Beschwerde zu (einfache Beschwerde § 20 FGG.).

4. a) Die von dem Vormundschaftsgerichte nach dem Eingange des Antrages zu treffende Verfügung lautet verschieden, je nach dem Umfange der dem Gemeindebeamten zugekommenen vormundschaftlichen Befugnisse. Im Falle der Vollbevormundung durch den Gemeindebeamten lautet die Verfügung auf Entlassung des Gemeindebeamten, im Falle der Teilbevormundung auf Entbindung von seinen Rechten und Pflichten. Die Verfügung ist beschlußmäßig zu treffen, sie ist nach den für Beschlüsse geltenden Vorschriften zu eröffnen.

Notwendig ist nur die Zustellung des Beschlusses an die Gemeinde, die dann ihrerseits den Beamten hievon in Kenntnis zu setzen hat. Das Vormundschaftsgericht kann aber auch nebenher die Zustellung des Beschlusses an den Gemeindebeamten verfügen. Mit der Zustellung des Beschlusses an die Gemeinde tritt er in Wirksamkeit.

Während in dem Falle des Art. 2 Abs. 4, wenn das Vormundschaftsgericht an Stelle des gesetzlichen Vormundes einen anderen Vormund bestellt, eine Entlassung des gesetzlichen Vormundes oder dessen Entbindung von seinen Befugnissen nicht auszusprechen ist, vielmehr nur eine Mitteilung von der erfolgten Bestellung an die Gemeinde und an den Beamten erforderlich ist, hat das Vormundschaftsgericht im Falle des Art. 7 die Entlassung oder Entbindung ausdrücklich auszusprechen. Im Falle des Art. 2 Abs. 4 handelt es sich um eine Beendigung des Amts kraft Gesetzes, die eine Entlassung des Vormundes als untunlich erscheinen läßt; im Falle des Art. 7 handelt es sich um eine dem § 1889 BGB. entsprechende Entlassung auf Antrag.

b) Es steht nichts im Wege, daß das Vormundschaftsgericht den Antrag der Gemeinde auf Entlassung oder Entbindung nicht sofort verbescheidet, sondern bis zur Bestellung eines anderen Vormundes zuwartet. Dieses Verfahren empfiehlt sich, damit jeder Zweifel über die Vertretung des Minderjährigen ausgeschlossen und vermieden wird, daß der Minderjährige ohne gesetzlichen Vertreter ist.

Die Entlassung des Gemeindebeamten oder seine Entbindung von seinen Befugnissen und Pflichten hat zur Folge:

α) Die Bestellung eines anderen Vormundes im Falle der Vollbevormundung durch den Gemeindebeamten. Der neu zu bestellende Vormund kann der frühere Vormund sein, dessen Amt durch den Eintritt der Berufsvormundschaft kraft Gesetzes erloschen ist. Seine neuerliche Verpflichtung als Vormund ist notwendig. Als neuer Vormund kann auch eine andere Person bestellt werden.

β) Im Falle der Teilbevormundung durch den Gemeindebeamten die Bestellung eines Vormundes insoweit, als dem Gemeindebeamten Rechte und Pflichten eines Vormundes zugekommen waren. Die dem Gemeindebeamten verliehen gewesenen Rechte und Pflichten können dem neben dem Gemeindebeamten im Amte gebliebenen ehrenamtlichen Vormunde wieder zukommen. Solchenfalles werden ihm die ihm infolge des Eintritts der Berufsvormundschaft entzogenen Rechte und Pflichten einfach wieder übertragen. Eine neue Bestellung erfolgt nicht, weil sich seine Verpflichtung zur treuen und gewissenhaften Führung des Amts ohne weiteres auf den ihm neu übertragenen Pflichtenkreis erstreckt. Die Übertragung erfolgt entweder mündlich zu Protokoll oder schriftlich im Wege des Beschlusses. Der Vormund kann die Übernahme des neuen Pflichtenkreises nicht mit dem Hinweis darauf ablehnen, daß er neben der von ihm geführten Teilvormundschaft noch eine weitere Vormundschaft zu führen habe. § 1786 Nr. 8 BGB.

Das Vormundschaftsgericht kann aber auch einer anderen Person, als der im Amte gebliebenen, die Rechte und Pflichten, die dem Berufsvormunde zugekommen waren, übertragen.

Während im Falle des Art. 2 Abs. 4 das Ermessen des Vormundschaftsgerichts beschränkt ist, hat es im Falle des Art. 7 freie Wahl, von welchen den beiden Möglichkeiten es Gebrauch machen will.

In den meisten Fällen wird das Vormundschaftsgericht den im Art. 2 Abs. 4 gewiesenen Weg gehen; es soll nicht ohne zwingenden Grund hievon abweichen, weil eine Teilung der vormundschaftlichen Befugnisse tunlichst zu vermeiden ist.

In gleicher Weise hat das Vormundschaftsgericht zu verfahren, wenn die Gemeinde beantragt, ihren Beamten von einem Teile seiner vormundschaftlichen Befugnisse zu entbinden (vgl. Bem. γ S. 116).

c) Das Amt des Berufsvormundes endigt nicht schon in dem Augenblicke, in dem der Antrag der Gemeinde beim Vormundschaftsgericht einläuft; es endigt vielmehr erst mit der Bestellung eines anderen Vormundes. Zur Fortführung des Amts ist der gesetzliche und der bestellte Berufsvormund verpflichtet, bis er von der Beendigung des Amts Kenntnis erhält, oder sie kennen muß (§ 1893 BGB.). War dem Berufsvormund auch das Recht der Sorge für das Vermögen zugekommen, so hat er unter Mitwirkung des Vormundschaftsgerichts dem neuen Vormunde Rechnung zu legen.

d) Der gesetzliche Vormund ist nicht ermächtigt, die vormundschaftlichen Rechte und Pflichten gegenüber einem Mündel, der seinen Aufenthalt in größerer Entfernung von dem Wohnsitze des Berufsvormundes verlegt, auf den Beamten einer anderen Gemeinde zu übertragen. In einem solchen Falle erübrigt nur die Bestellung eines anderen Vormundes.

e) Endigt das Amt des Berufsvormundes nicht vorzeitig infolge des Antrages der Gemeinde, so dauert es bis zum Wegfalle der Bevormundungsbedürftigkeit des Minderjährigen fort (Tod, Verschollenheit, Volljährigkeit, Volljährigkeitserklärung, Eintritt in eine elterliche Gewalt [Annahme an Kindes Statt],

Legitimation durch nachfolgende Ehe, letzterenfalls nicht schon mit der Eheschließung der Eltern, sondern erst mit der Rechtskraft des Urteils, das die Vaterschaft des Ehemanns feststellt, oder erst mit der Aufhebung der Vormundschaft durch das Vormundschaftsgericht).

Im Falle der Vormundschaft über einen Ausländer endigt die Bevormundungsbedürftigkeit auch dann, wenn der ausländische Staat, dem der Minderjährige angehört, die Fürsorge für ihn übernimmt. Vgl. Bem. 4 S. 49.

Das Amt des Berufsvormundes endigt auch dann, wenn in dem Statut vorgesehen sein sollte, daß die Gemeinde mit dem Wegfalle der Voraussetzungen, unter denen die Berufsvormundschaft eingetreten ist, diese nicht mehr weiter führen will. Vgl. § 75 Abs. 5 des Hamburgischen AGzBGB. vom 14. Juli 1899. Auch in diesem Falle hat der Berufsvormund sein Amt bis zur Bestellung eines anderen Vormundes fortzuführen.

Die gesetzliche Vormundschaft endigt ferner im Falle des Art. 2 Abs. 4. Das Amt des bestellten Vormundes endigt mit seiner Entlassung vgl. Bem. β S. 39 ff. Die gesetzlichen Gründe des § 1885 BGB. beendigen auch das Amt des Berufsvormundes. Vgl. Bem. α S. 39, Bem. 1 S. 69.

Artikel 8.[1])

Zuständigkeit in Zwangserziehungssachen.

Der Artikel 12 Abs. 2 Satz 2 des Gesetzes vom 10. Mai 1902, die Zwangserziehung betreffend, erhält folgende Fassung:

„In München ist der Stadtmagistrat zuständig.“[2])

1. Im Art. 8 ist eine mit der Einführung der Berufsvormundschaft in München zusammenhängende Änderung des Zwangserziehungsgesetzes vorgesehen.

Der Vollzug des Zwangserziehungsgesetzes war seinerzeit der Polizeidirektion München übertragen worden, weil diese schon ähnliche Kompetenzen hatte.

In München sind die auf die Zwangserziehung bezüglichen Geschäfte bisher von den Polizeiämtern wahrzunehmen gewesen (§ 12 Abs. 2 ZwErzG., § 21 Abs. 3 der Ausführungsvorschriften; vgl. die Verordnung vom 24. Juni 1898 und MBek. vom 25. Juni 1898, GVBl. S. 345).

2. Die Übertragung des Vollzuges des Zwangserziehungsgesetzes auf die Stadtgemeinde München, war durch folgende Erwägungen veranlaßt:

„Für die Berufsvormundschaft kommen auch die der Zwangserziehung unterworfenen Mündel in Betracht. Zweckmäßigkeitsgründe sprechen dafür, in den unmittelbaren Städten den Vollzug des Zwangserziehungsgesetzes und die Berufsvormundschaft zu verbinden.

Für die Stadtgemeinde München, die zu den Kosten der Zwangserziehung drei Fünftel zahlt, während der Staat zwei Fünftel zu tragen hat, muß es wünschenswert sein, auf den Vollzug des bezeichneten Gesetzes einen gewissen Einfluß ausüben zu können. Zudem steht das Zwangserziehungswesen im engsten Zusammenhange mit dem der Stadtgemeinde zustehenden Armenwesen."

Gegenüber den für die Übertragung der Zuständigkeit auf den Stadtmagistrat München sprechenden Gründen kann das Bedenken, daß dem Stadtmagistrate die zum Vollzuge des Zwangserziehungsgesetzes notwendigen polizeilichen Machtmittel unter Umständen fehlen, nicht erheblich ins Gewicht fallen. Insoweit dem Stadtmagistrate Aufgaben polizeilicher Natur zugewiesen werden, müssen ihm auch polizeiliche Machtmittel und Machtbefugnisse zukommen.

Künftig obliegt dem Stadtmagistrate München die Durchführung der Zwangserziehung, der Vollzug der gerichtlichen Anordnung der Zwangserziehung. Er bestimmt darüber, ob der Minderjährige in einer Familie oder einer Erziehungs-, Besserungsanstalt untergebracht werden soll; er führt über den Minderjährigen die Aufsicht bis zur Beendigung der Zwangserziehung. Art. 5 ZwErzG., § 21 der Ausführungsvorschriften vom 28. Juni 1902.

Da sich die örtliche Zuständigkeit der Distriktsverwaltungsbehörde nach der Heimat des Minderjährigen oder, wenn dieser in Bayern eine Heimat nicht besitzt, nach demjenigen Orte bestimmt, an welchem die Zuständigkeit des Vormundschaftsgerichts begründet ist (§ 12 Abs. 2 ZwErzG.; § 21 Abs. 2 der Ausführungsvorschriften), ist die Zuständigkeit des Stadtmagistrates München nur für die Zwangserziehung der in der Gemeinde München beheimateten, oder derjenigen Minderjährigen begründet, die in Bayern eine Heimat nicht besitzen, für die aber die Zuständigkeit des Amtsgerichts München I gegeben ist.

Für diejenigen Minderjährigen, die in Bayern eine Heimat nicht besitzen und für die die Zuständigkeit des Amtsgerichts München II als Vormundschaftsgericht gegeben ist, ist die Zuständigkeit des Bezirksamts München begründet.

Wegen der Zuständigkeit des Vormundschaftsgerichts vgl. die Bem. 2 zu Art. 1 S. 23.

Wegen des Vollstreckungsrechts der Verwaltungsbehörde vgl. Art. 4 ff. AGzZPO. u. KO. in der Fassung der Bekanntmachung vom 26. Juni 1899, § 205 der Geschäftsanweisung für die Gerichtsvollzieher vom 28. April 1900, JMBl. S. 621; vgl. ferner Krais I S. 86.

I. Ortsstatuten in Preußen.

(Die Beispiele sind entnommen aus den Schriften des deutschen Vereins für Armenpflege und Wohltätigkeit Heft 82 Bd. 2.)

1. Ortsstatute, in denen der Bürgermeister oder der Leiter der Armenverwaltung unmittelbar zum Berufsvormund bestimmt ist.

a) Cottbus. Statut vom 1. Juli 1903. (1. Okt. 1903.)

§ 1. Dem jeweiligen Vorsitzenden der Armen- und Waisenverwaltung werden alle Rechte und Pflichten eines Vormundes für diejenigen Minderjährigen übertragen, welche .... und unter Aufsicht der Armenverwaltung entweder .... soweit nicht im einzelnen Fall das Vormundschaftsgericht

a) die Ernennung eines besonderen Vormundes,
b) auf Antrag der Gemeindeverwaltung eine Beschränkung auf einzelne Rechte oder Pflichten eines Vormundes anordnet.

§ 2. Zur Unterstützung des Generalvormundes sind alle in der Gemeinde-, Armen- und Waisenverwaltung wirkenden besoldeten und unbesoldeten Gemeindebeamten verpflichtet, nach Maßgabe der bestehenden und noch zu erlassenden magistratualischen Anordnungen und Geschäftsanweisungen. Die Zuziehung von Helferinnen ist zulässig und erwünscht.

§ 3. Die Gemeindevormundschaft beginnt, sobald bezüglich eines Minderjährigen der Eintritt der im § 1 des Ortsstatutes bestimmten Voraussetzungen durch den zuständigen Dezernenten der Armenverwaltung festgestellt ist.

b) Remscheid. Statut vom 28. Nov. 1901. (1. Jan. 1902.)

§ 1. Dem Bürgermeister als Leiter der städtischen Armenverwaltung werden alle Rechte und Pflichten eines Vormundes für diejenigen Kinder übertragen, welche ....

Die im Absatz 1 bezeichnete Vormundschaft (Gesamtvormundschaft) tritt nicht ein, wenn das Vormundschaftsgericht einen andern Vormund bestellt hat.

§ 2. Betraut der Bürgermeister einen Beigeordneten mit der Leitung der Armenverwaltung, so gilt dieser als sein Vertreter in der ihm gemäß § 1 übertragenen Gesamtvormundschaft.

§ 3. 1. Sobald bezüglich eines der Bevormundung bedürftigen Minderjährigen die Voraussetzungen des § 1 dieser Ordnung eintreten, ist dies unter Bezeichnung des Gesamtvormundes dem Vormundschaftsgericht mitzuteilen.
2. Ebenso ist jeder Wechsel in der Person des Gesamtvormundes sowie jede Stellvertretung dem Vormundschaftsgericht alsbald mitzuteilen.
3. Sobald das Vormundschaftsgericht einen besonderen Vormund bestellt, erlöschen die Rechte und Pflichten des Gesamtvormundes.
4. Die Bestellung eines besonderen Vormundes ist von dem Gesamtvormund zu beantragen, wenn er eine dauernde Beaufsichtigung auszuüben nicht mehr in der Lage ist, namentlich also, wenn der Mündel aus dem Bezirke der Stadtgemeinde zieht.

§ 4. Die Befugnis des Gesamtvormundes zur vormundschaftlichen Vertretung eines Mündels auf Grund dieser Ordnung wird durch eine gemäß § 53, 8 der Städteordnung vom 15. Mai 1856 ausgestellte Urkunde rechtsgültig bewiesen.

2. Ortsstatute, in denen ein bestimmter Beamter der Armenverwaltung, nicht der Vorsitzende, als gesetzlicher Berufsvormund benannt wird.

a) Siegen. Statut vom 8. Nov. 1900. (23. Jan. 1901.)

§ 1. Der jeweilige Armensekretär wird zum Vormund für diejenigen Minderjährigen bestellt, die im Wege der Armenpflege unterstützt und unter seiner Aufsicht entweder in einer von der Armenverwaltung gewählten Familie oder Anstalt, oder, sofern es sich um uneheliche Minderjährige handelt, in der mütterlichen Familie erzogen und verpflegt werden.

Dem vorgenannten Beamten werden alle Rechte und Pflichten eines Vormundes übertragen.

§ 2. Die Amtstätigkeit des zum Vormund bestellten Beamten erlischt — abgesehen von den Vorschriften des BGB. — im Falle
1. seines Eintrittes in ein anderes Amt,
2. seiner Versetzung in den Ruhestand,
3. seiner Enthebung von dem Amte eines Armensekretärs.

b) Altena. Statut vom 12. November 1902.

§ 1. Der jeweilige Armensekretär wird zum Vormund für diejenigen Minderjährigen bestellt, welche . . . . entweder in einer von der Armenverwaltung gewählten Familie oder Anstalt oder . . . . erzogen und verpflegt werden. Dem vorgenannten Beamten werden alle Rechte und Pflichten eines Vormundes übertragen.

§ 2. Die Amtstätigkeit des zum Vormund bestellten Beamten erlischt — abgesehen von den Vorschriften des BGB. — im Falle
1. seines Eintrittes in ein anderes Amt und seiner Versetzung in den Ruhestand,
2. seiner Enthebung von dem Amt eines Armensekretärs.

3. Ortsstatute, wo der Beamte gewählt wird.

Eikel. Statut vom 31. Juli 1906 für den Ortsarmenverband der Gemeinden Eikel und Holsterhausen, gleichlautend:

Auf Grund des Artikels 136 des Reichseinführungsgesetzes zum BGB., des Artikels 78 des preuß. Ausführungsgesetzes vom 20. September 1899 zum BGB. und des § 13 der Landgemeindeordnung vom 19. März 1856 wird für den Umfang des Amtsbezirkes Eikel (Wanne) mit Zustimmung der Amtsversammlung vorbehaltlich der Genehmigung des Kreisausschusses, folgendes Ortsstatut erlassen.

§ 1. Für diejenigen Minderjährigen, welche durch den Ortsarmenverband der Gemeinde im Wege der öffentlichen Armenpflege unterstützt und unter Aufsicht eines Beamten der Armenverwaltung — Generalvormund — entweder in einer von der Armenverwaltung ausgewählten Familie oder Anstalt, oder, sofern es sich um uneheliche Minderjährige handelt, in der mütterlichen Familie erzogen und verpflegt werden, hat der von der Amtsversammlung auf Widerruf bezeichnete bzw. gewählte Beamte (Generalvormund) alle Rechte und Pflichten eines Vormundes.

§ 2. Die Amtstätigkeit des zum Vormunde bestellten Beamten erlischt — abgesehen von den Vorschriften des BGB. — wenn der Gewählte aufhört Amtsbeamter zu sein oder der Widerruf nach § 1 erfolgt.

§ 3. Die Bestellung eines besonderen Vormundes ist von dem Generalvormunde zu beantragen, sobald die Umstände eine dauernde Aufsicht desselben über den Mündel wesentlich erschweren, namentlich also dann, wenn der Mündel nach beendeter Schulpflicht seinen Aufenthalt außerhalb des Amtsbezirks . . . . nimmt.

§ 4. Ist die Konfession, in welcher der Mündel nach dem Gesetze zu erziehen ist, oder die Notwendigkeit der Bevormundung, oder sonst irgend eine für das Eintreten der Generalvormundschaft in Betracht kommende Rechts- oder Tatfrage zweifelhaft, so ist dem Vormundschaftsgericht möglichst noch vor Eintritt sämtlicher in § 1 bezeichneten Voraussetzungen eine Mitteilung mit dem Ersuchen um Entscheidung zu machen. Bis zu ergangener Entscheidung hat der Generalvormund die Interessen des Mündels nach bestem Wissen und Gewissen zu vertreten.

§ 5. Die Befugnis des Generalvormundes zur vormundschaftlichen Vertretung des Mündels auf Grund dieses Statutes wird durch eine Bescheinigung des Amtmanns oder dessen Vertreters dargetan, sofern dieser nicht selbst oder der Beigeordnete Generalvormund ist.

4. Ortsstatute, wo einer Amtsstelle die Bezeichnung der oder des Beamten für die Berufsvormundschaft überlassen bleibt.

a) Breslau. Statut vom 23. März 1903. (20. Dez. 1901).

§ 1. Für diejenigen Minderjährigen, welche seitens des Armenverbandes Breslau im Wege der öffentlichen Armenpflege unterstützt und unter Aufsicht der in § 2 bezeichneten Beamten (Generalvormünder) entweder in einer von diesen ausgewählten Familie oder Anstalt, oder sofern es sich um uneheliche Kinder handelt, in der mütterlichen Familie erzogen oder verpflegt werden, haben diese Beamten alle Rechte und Pflichten eines Vormundes, soweit nicht im Einzelfalle das Vormundschaftsgericht

a) die Ernennung eines besonderen Vormundes (§ 6 Abs. 2) oder
b) auf Antrag der Gemeindeverwaltung eine Beschränkung auf einzelne Rechte oder Pflichten eines Vormundes anordnet.

§ 2. Der Magistratsdirigent wird einzelne derjenigen Gemeindebeamten, welche in der Gemeindeverwaltung tätig sind, zu „Generalvormündern" ernennen mit dem Auftrage:

A. nach Maßgabe der bestehenden und noch zu erlassenden magistratualischen Regulative und Geschäftsanweisungen hinsichtlich der Gemeindearmenpflege
1. für diejenigen Kinder, die künftig im Wege der Armenpflege voraussichtlich dauernd als städtische Kostkinder unterzubringen sind, die Pflegestelle (Anstalt oder Familie) auszuwählen und die Erziehung und Verpflegung in diesen Pflegestellen weiterhin zu beaufsichtigen,
2. die öffentlich unterstützten, in der mütterlichen Familie erzogenen oder verpflegten unehelichen Kinder zu beaufsichtigen.

B. In ihrer Eigenschaft als Beamte der Gemeindearmenverwaltung die Rechte und Pflichten eines Vormundes über die in § 1 dieses Statuts bezeichneten Minderjährigen auszuüben.

§ 7. Ist die Konfession, in welcher der Mündel nach dem Gesetze zu erziehen ist, oder die Notwendigkeit der Bevormundung, oder sonst irgend eine für das Eintreten der Generalvormundschaft in Betracht kommende Rechts- oder Tatfrage zweifelhaft, so kann dem Vormundschaftsgericht möglichst noch vor Eintritt sämtlicher in § 1 bezeichneten Voraussetzungen eine vorläufige Mitteilung mit dem Ersuchen um schleunige Entscheidung gemacht werden.

Die Generalvormundschaft tritt in diesen Fällen nicht vor erfolgter Entschließung des Vormundschaftsgerichtes in Wirksamkeit.

b) Danzig. Statut vom 19. Februar 1902. (3. Juni 1902).

§ 1. (Der Anfang wie Breslau.) Erfolgt eine solche Anordnung nicht, so behalten die mit der Generalvormundschaft betrauten Beamten die Rechte und Pflichten des Vormundes auch nach Beendigung der Erziehung oder Verpflegung bis zur Volljährigkeit des Mündels.

§ 2. Die Beamten der Gemeindeverwaltung, welchen nach § 1 die Rechte und Pflichten eines Vormundes — Generalvormundschaft — übertragen werden sollen, werden von dem Magistratsdirigenten jederzeit widerruflich ernannt. Sie scheiden ohne weiteres aus dem Amte aus, wenn sie aufhören Gemeindebeamte oder in der Gemeindeverwaltung beschäftigt zu sein.

§ 3. Die Bestellung eines andern besonderen Vormundes — § 1 zu a — kann von dem Generalvormunde beantragt werden, sobald die Umstände eine dauernde Aufsicht desselben über den Mündel wesentlich erschweren (namentlich also, wenn der Mündel nach beendeter Schulpflicht seinen Aufenthalt außerhalb Danzigs nimmt).

c) **Frankfurt a. O.** Statut vom 16. April 1906.

§ 1. Im wesentlichen wie Breslau nnd Danzig.

§ 2. Der Magistratsdirigent beauftragt einen oder mehrere der in der Gemeindearmenverwaltung tätigen Beamten,

a) nach Maßgabe der die Gemeindearmen- oder Waisenpflegeverwaltung betreffenden Gesetzesvorschriften und Verwaltungsbestimmungen für die im Wege der öffentlichen Armenpflege auf nicht absehbare Zeit unterzubringendeu Minderjährigen die Pflegestelle (Anstalt oder Familie) auszuwählen und Verpflegnng und Erziehung sowohl dieser Pfleglinge als auch der öffentlich unterstützten, aber in der mütterlichen Familie befindlichen unehelichen Minderjährigen zu beaufsichtigen,

b) in ihrer Eigenschaft als Beamte der Gemeindearmenverwaltung die Rechte und Pflichten eines Vormundes über die Minderjährigen auszuüben.

Die hiermit beauftragten Beamten führen die Bezeichnung „Armenvormund".

§ 3. Alle in der Gemeindearmenverwaltung beschäftigten, besoldeten oder unbesoldeten Gemeindebeamten sind in Gemäßheit der Gesetze verpflichtet, den im § 2 bezeichneten Auftrag anzunehmen. Derselbe ist seitens des Magistratsdirigenten jederzeit widerruflich; er erlischt von selbst, wenn der Beauftragte aufhört, Beamter der Gemeindearmenverwaltung zu sein.

§ 4. Die Bestimmungen der §§ 2 und 3 finden auf die Anordnung einer Stellvertretung des Armenvormundes sinngemäße Anwendung.

§ 5. Jeder Wechsel in der Person des Armenvormundes, sowie jede Stellvertretung desselben ist den beteiligten Vormundschaftsgerichten und dem Vorsitzenden der Armendirektion und des Waisenamtes alsbald anzuzeigen.

§ 6. Sobald bezüglich eines Minderjährigen die Voraussetzungen des § 1 eingetreten sind, ist dies von dem Vorsitzenden der Armendirektion den nach § 2 zum Armenvormund bestellten Beamten, sowie unter Benennung des letzteren den beteiligten Vormundschaftsgerichten und dem Vorsitzenden des Waisenamtes mitzuteilen.

Die Rechte und Pflichten des Armenvormundes beginnen von dem Zeitpunkte ab, in welchem die betreffenden Mündel der Armenpflege einheimgefallen sind.

§ 7. Die Bestellung eines besonderen Vormundes ist von dem Armenvormunde beim Gerichte zu beantragen, wenn die Umstände die dauernde Aufsicht des Armenvormundes über den Mündel wesentlich erschweren.

§ 8. Die Befugnis des Armenvormundes oder seines Stellvertreters zur vormundschaftlichen Vertretung eines Mündels wird durch eine gemäß § 56 Nr. 8 der Städteordnung vom 30. Mai 1833 ausgestellte Bescheinigung gültig nachgewiesen.

Bescheinigung.

De . . . .
geboren am . . . . . in . . . Kreis . . . .
Sohn — Tochter — d . . . .
ist während der Zeit vom . . . . . bis . . . . .
von dem Ortsarmenverbande Frankfurt a. O. im Wege der öffentlichen Armenpflege unterstützt worden und wird auf Grund des vorstehenden Ortsstatut von dem . . . . . bevormundet.

Frankfurt a. O., den . . . .

5. Ortsstatute, die dem Bürgermeister oder einer bezeichneten Stelle die Ernennung eines Beamten zum Berufsvormund in jedem einzelnen Falle übertragen.

M.-Gladbach. Statut vom 5. Okt. 1904.

§ 1. Den Beamten der städtischen Armenverwaltung können alle oder einzelne Rechte und Pflichten eines Vormundes oder Pflegers für solche Minderjährige übertragen werden, welche . . . .

§ 2. Dieses Ortsstatut tritt nach vorschriftsmäßiger Verkündung in Kraft.

II. Ortsstatuten in Baden.

a) **Heidelberg.** Statut vom 8. April 1903.

§ 1. Dem jeweiligen Vorsitzenden des Armenrates werden auf die Dauer dieses Amtes alle Rechte und Pflichten eines Vormundes für diejenigen Minderjährigen übertragen, welche . . . .

§ 2. In seiner Eigenschaft als Vormund wird der Vorsitzende des Armenrates durch diejenigen Personen vertreten, welche ihn in letzterem Amt vertreten.

Er ist befugt, mit der Wahrnehmung einzelner vormundschaftlicher Geschäfte andere Beamte der Gemeindearmenverwaltung zu beauftragen.

§ 3. Die Vormundschaft beginnt mit dem Eintritt der in § 1 bezeichneten Voraussetzungen. Der Zeitpunkt ist vom Armenamt festzustellen. Für diejenigen Minderjährigen, hinsichtlich deren die angeführten Voraussetzungen schon beim Inkrafttreten dieses Statuts vorliegen, beginnt die Vormundschaft mit diesem Zeitpunkt.

b) **Freiburg i. Br.** Statut vom 27. März 1903 (25. April 1903).

§ 1. Den Beamten der Armenverwaltung Freiburgs werden alle Rechte und Pflichten eines Vormundes für diejenigen Minderjährigen übertragen, welche . . . . und unter Aufsicht der Armenverwaltung entweder in einer von ihr ausgesuchten Familie oder Anstalt . . . .

Im einzelnen Fall kann auf Antrag der Armenverwaltung das Vormundschaftsgericht eine Beschränkung auf einzelne Rechte und Pflichten eines Vormundes anordnen.

§ 2. Der Vorsitzende der städtischen Armenverwaltung bestimmt die zur Übernahme der Vormundschaft berufenen Beamten und ihre Stellvertreter.

Die Übertragung ist jederzeit widerruflich.

Mit dem Austritt aus der Armenverwaltung verliert ein Beamter ohne weiteres die ihm nach diesem Statut übertragenen Vormundschaften.

§ 3. Die Vormundschaft beginnt mit der Übernahme des Minderjährigen in die öffentliche Fürsorge, welche von der Armenverwaltung dem Vormundschaftsgericht anzuzeigen ist; sofern die Fürsorge zurzeit schon besteht, beginnt sie mit dem Inkrafttreten dieses Statuts.

c) **Tuttlingen.** Statut vom Jahre 1904.

Statutarische Bestimmungen über Armenvormundschaft.

§ 1. Die Armenkommission ist befugt, Beamten der Armenkommission auf die Dauer dieses Amtes alle Rechte und Pflichten eines Vormundes für diejenigen Minderjährigen zu übertragen, welche im Wege der öffentlichen Armenpflege unterstützt und unter Aufsicht der Armenkommission entweder in einer von ihr ausgewählten Familie oder Anstalt oder, sofern es sich um uneheliche Minderjährige handelt, in der mütterlichen Familie erzogen oder verpflegt werden.

§ 2. Der gemäß § 1 bestellte Vormund behält die Rechte und Pflichten des ihm übertragenen Amtes auch nach der Beendigung der Erziehung oder Verpflegung bis zur Volljährigkeit des Mündels.

Die Übertragung der Vormundschaft ist jederzeit widerruflich.

§ 3. Die Armenkommission hat dem Vormundschaftsgericht die Namen der Minderjährigen, für welche die Rechte und Pflichten des Vormundes auf Beamte der Armenverwaltung übergehen, sowie die Namen dieser Beamten und den etwaigen Widerruf der Übertragung anzuzeigen.

d) **Landarmenverband des Kreises Baden.**
Statut vom 26. Juli 1904.

Statut für den Kreis Baden, als Landarmenverband Baden.

§ 1. Der Vorsitzende des Kreisausschusses Baden — als Landarmenverband — ist befugt, in geeigneten Fällen Beamten der Kreisverwaltung auf die Dauer dieses Amtes alle oder einzelne Rechte und Pflichten eines Vormundes für solche Minderjährige zu übertragen, welche im Wege der öffentlichen Armenpflege unterstützt und unter Aufsicht der Kreisfürsorge entweder in einer von ihr auserwählten Familie oder Anstalt oder, sofern es sich um uneheliche Minderjährige handelt, in der mütterlichen Familie erzogen oder verpflegt werden.

§ 2. Der gemäß § 1 bestellte Vormund behält die Rechte und Pflichten des ihm übertragenen Amtes auch nach der Beendigung der Erziehung oder Verpflegung bis zur Volljährigkeit des Mündels.

Die Übertragung der Vormundschaft ist jederzeit widerruflich.

§ 3. Der Kreisausschuß hat dem Vormundschaftsgericht die Namen der Minderjährigen, für welche alle oder einzelne Rechte und Pflichten des Vormundes auf den vom Kreisausschuß dafür ernannten Beamten übergehen, unter Bezeichnung dieses Beamten, sowie des maßgebenden Zeitpunkts anzuzeigen. Ebenso ist ein etwaiger Widerruf dieser Maßregel dem Vormundschaftsgericht anzuzeigen.

Literaturnachweise zur Frage der Berufsvormundschaft.

Bericht über die erste Beratung Deutscher Berufsvormunde zu Frankfurt a. M. am 27. und 28. April 1906, erstattet vom ständigen Ausschuß. 8°, 90 S.

Bericht der städt. Generalvormünder über das erste Jahr des Bestehens der Generalvormundschaft in Breslau 1901/1902; Jugendfürsorge 1903 S. 673.

Brugger, Die Bedeutung der Berufsvormundschaft für die zeitgemäße Ausgestaltung des Kinderschutzes. Jugend-Fürsorge 1906.

Ebeling, Die Vormundschaft in der Hand von Gemeindeorganen. (Sächsischer Gemeindetag in Freiberg 1892.) Abgedruckt in Schr. D. V. Heft 16, Leipzig 1892.

Israel, Die Technik der Berufsvormundschaft des Kinderrettungsvereins 1906, Berlin, Alt-Moabit 133.

Klumker, Die Berufsvormundschaft in ihrer Bedeutung für die Jugendfürsorge. (Blätter für das Armenwesen in Württemberg 1906, 59. Jahrgang Nr. 27.)

Klumker-Petersen, Die Berufsvormundschaft. Bd. 1 Berichte, Bd. 2, Materialien in: Schriften des Deutschen Vereins für Armenpflege und Wohltätigkeit.

Klumker Dr. Chr. J. und Dr. Othmar Spann, Die Bedeutung der Berufsvormundschaft für den Schutz der unehelichen Kinder. Eine Denkschrift für den internationalen Kongreß für Erziehung und Kinderschutz in Lüttich. Dresden 1905.

Klumker Dr. Ch. J., Die Berufsvormundschaft in Deutschland. (Zeitschr. f. Sozialwissenschaft, herausgeg. v. Prof. Dr. J. Wolf, IX. Bd. 1906 S. 145—159.)

Kneilmann, Generalvormundschaft und Einzelvormundschaft und die Fürsorge für die bevormundete und gefährdete Jugend in der Stadt Dortmund. (Charitas, 11. Jahrgang S. 165 ff. und 188 ff.)

Kraus Siegfried, Die Berufsvormundschaft als Schutzorgan für die unehelichen Kinder. Mutterschutz, 2. Jahrgang 1906 S. 237—242.

Ludwig-Wolff, Ausübung vormundschaftlicher Funktionen durch die Armenbehörden. Schriften des Deutschen Vereins für Armenpflege und Wohltätigkeit, Heft 16, 17, Leipzig 1892.

Merkt Otto, Besprechung über Berufsvormundschaft in „Blätter für administrative Praxis“, Bd. 56 S. 355—375. München 1906.

Pallmann, Die gesetzliche Vormundschaft in Leipzig. „Die Jugendfürsorge“, Berlin 1906, Heft 9 S. 538—547.
Petersen J., Die Generalvormundschaft und der Schutz der unehelichen Kinder. Archiv f. soziale Medizin und Hygiene, II. Bd. 3. Heft S. 194—207. Leipzig 1905.
Polligkeit Wilh., Die Bedeutung der Berufsvormundschaft im Kampf gegen Verwahrlosung und Verbrechen. Monatsschrift für Kriminalpsychologie und Strafrechtsreform, 3. Jahrgang Heft 4 S. 210—217. 1906.
Spann Dr. Othmar, Zur Begründung der Forderung einer Berufsvormundschaft für uneheliche Kinder. Die Jugendfürsorge, Berlin 1906, Heft 1.
— Die Berufsvormundschaft als Forderung der Unehelichkeitsstatistik. Gutachten aus: Schriften des Ersten Österreich. Kinderschutz-Kongresses in Wien 1907.
Schiller F., Die Generalvormundschaft. „Die Selbstverwaltung“ 1905 Nr. 51 S. 905—909.
Schwander Dr. J., Gemeindewaisenpflege und Generalvormundschaft in Straßburg i. E. Jugendfürsorge, Jahrgang 1905, VI/9 S. 539—550.
Tepelmann, Kollektiv-Berufsvormundschaft für uneheliche Kinder. (Halle.) Jugendfürsorge VIII, 6, 1907 S. 361—372.
Thoma, Die Armenvormundschaft. Bad. Verw. Zeitschrift 36, 21. 1904.
Vorberichte zur 2. Tagung Deutscher Berufsvormünder in Eisenach am 17. und 18. Sept. 1907, herausg. von Prof. Dr. Klumker.
Zeitschrift für Sozialwissenschaft, herausg. v. Prof. Dr. J. Wolf, IX. Bd., 1906, S. 145—159.

Alphabetisches Register.

(Die Zahlen bedeuten die Seiten.)

A.

B.

H.

Qu.

R.

S.

T.

U.

V.

W.

Z.

FSC
www.fsc.org
MIX
Papier | Fördert gute Waldnutzung
FSC® C083411

Kolibri 360 GmbH
Ferdinand-Jühlke-Straße 7
99095 Erfurt, Deutschland
produktsicherheit@kolibri360.de